Envió *Su*

Palabra y

Él *Me*

Curó

Salmo 107:20

*Una historia extraordinaria de
esperanza y curación*

Jacquelin Priestley

Su Palabra Me Curó

Una historia extraordinaria de esperanza y curación

Publicado por ABM Publications
©2014 por Jacquelin Priestley
ISBN: 978-1-931820-25-7

Si usted quisiera ordenar más libros, por favor de contactarnos a www.HisWordHealedMe.com.
Damos descuentos a grupos y a órdenes al mayoreo.

Formato y Redacción: Sherry Ward y Jacquelin Priestley
Diseño de Libro: Andi Watari (andi.watari@gmail.com)
Foto en la Cobertura del Libro: Jacquelin Priestley
Fotografía y Maquillaje: Romaine Markus of London
Diseño de Website: Allyson Gideon
Traducción al Español: Mónica Bosque y Martha Sheppard
Printed in United States of America

DEDICACIÓN

Este libro está dedicado a Él que tiene
mi vida y tiempo en Sus manos,
el Único y Verdadero Dios que vino a traernos las
noticias que somos amados
.
San Juan 1:1, 4, 14

*   *   *

¡Cantad a Jehová; Su nombre bendecid!

¡Anunciad Su salvación día tras día!

Publicad Su Gloria a las naciones.

Decidles a todos los pueblos Sus maravillas.

Salmo 96:2-3 (NLT)

Prólogo

Actualizaciones desde el lanzamiento de *Su Palabra Me Curó* --

Dos meses después de haber sido publicado, *Su Palabra Me Curó* el libro fue destacado en un mensaje del Pastor Mayor Bayless Conley de la iglesia de Cottonwood en el Sur de California. Él estaba enseñando acerca de la tenacidad de la fe y mencionó mi historia, diciendo que ilustra detalladamente cómo aplicar la palabra de Dios en un nivel práctico en circunstancias difíciles. Él áltamente recomendó *Su Palabra Me Curó* como una ¡"buena lectura con un gran impacto!".

Su esposa, la Pastora Janet Conley, dijo que el libro poderósamente tocó su corazón y le dió ideas frescas que ella no habia tenido antes de cuán viva es la Palabra de Dios.

Comentarios consistentes han sido que el libro es muy narrativo, "que da deseos de pasar la página" y que es una lectura fácil, que ofrece gran profundidad.

Correos electrónicos están llegando: ¡dos personas han escrito de haber sido sanadas mientras que leían el libro! Otras cuentan de maravillosos resultados por oraciones: una mujer llamada Shirley fue sanada de Esclérosis Múltiple y ha estado libre de síntomas por más de tres años. ¡Ella ha podido regresar a trabajar como enfermera a tiempo completo en un gran hospital cerca de su casa en Colorado, disfrutando de una vida ocupada y enérgica y regularmente da copias del libro a otros para animarles! Una mujer escribió que los principios prácticos que aprendió del libro ¡han tenido un impacto curativo de gran alcance en su relación matrimonial!

Muchos han leído el libro dos veces, algunos lo han leído

como cuatro veces, usándolo para meditar y como una herramienta de estudio junto con su Biblia. Ésta ha sido mi mayor esperanza... que despierte a que las personas busquen profúndamente la palabra de Dios para conocerlo mejor.

En noviembre del 2011, se me acercó un caballero que vive al otro lado del mundo. ¡Me pidió permiso para traducir el libro a un lenguaje que jamás había soñado! En menos de cinco meses ese esfuerzo se hizo realidad. Los fondos para apoyar este proyecto fueron donados por dos personas que creyeron que ayudaría enormemente a otros, permitiendo la distribución de 5,000 ejemplares para ser lanzados en el extranjero ¡en una región que impacta siete naciones! ¡Claramente Dios está respirando vida sobre este libro!

Un equipo del ministerio en Nigeria está trabajando conmigo para producir el libro allá, y una mujer llamada Siah, que es una misionera en Japón, dijo después de leer el libro tres veces sabía que quería traducirlo para que sea disponible en japonés. Ella está trabajando diligentemente en este proyecto. ¡Gracias Siah!

El proyecto de AUDIO se completó en octubre del 2012 y ha sido lanzado via cdbaby, disponible para descargar a través de iTunes y otros métodos. Gracias a David López por su fiel diligencia y su experiencia en ayudarme para hacer realidad este sueño. Gracias a su hermana Gina por plantar la semilla inicial para ayudar a que suceda. Aquí estan los enlaces para el AUDIO:

http://www.cdbaby.com/cd/jacquelinpriestley

Gracias a Allyson Gideon por aplicar su genio creativo para preparar *Su Palabra Me Curó* para que sea disponible en "Kindle".

Yo estoy muy agradecida más alla de lo que las palabras puedan expresar a todos aquellos que han ayudado a lo largo del camino. Yo tengo una gran admiración por este Dios extraordinario que está generosamente respirando Su Corazón en el libro y cuidando de cada detalle mientras que sigue floreciendo para alcanzar vidas. Sigo orando humildemente que Él use el libro para tocar y animar a la gente a tener una mayor confianza en Él.

Que las bendiciones que descansan en este libro se extiendan en tu vida al leerlo!

Jacquelin Priestley

Reconocimientos

Estoy muy agradecida con todo mi corazón a Sherry y Allyson, sin quienes este libro no hubiera estado publicado. Literalmente, ellas fueron el soporte "levantadas" para empujarme hasta el final de este proyecto. Sacrificaron mucho tiempo documentándolo para realizarlo. Allyson trabajaba, con diligencia, diseñando la cobertura y el website, mientras Sherry fue incansable a dar formato al manuscrito. El apoyo de estas dos mujeres, cuando "se dieron cuenta de la visión", significa más de lo que puedo decir.

Gracias a Judy, secretaria de la oficina del doctor, por compartir conmigo detalles sobre mi caso y por su asistencia en obtener permiso para usar los nombres e información sobre los doctores. Ella me apoyaba, animaba e inspiraba.

Quiero expresar mi aprecio a los Drs. Lowe, Baghdassarian, y Shanberg, – héroes todos, dedicados a su pasión: medicina. ¿Quién puede contar, me imagino, cuantas vidas hayan impactado para bien? Muchas gracias por sus respuestas de apoyo cuando les decía sobre este libro, y por su permiso de dejarme escribir sobre lo significante que fueron sus partes mientras andaba yo en el camino temeroso de cáncer.

Gracias a las mujeres del grupo PRT – Allyson, Sherry, Susy, Treseen, Shari, y Lydia – quienes hicieron una crítica del libro, y rezaron sobre el mismo, y por los que lo lean: espero que sus vidas sean bendecidas...

Gracias a Monica Bosque y a Martha Sheppard por su traducción al español. Que Dios las bendiga por su dedicación.

Muchas gracias a mis amigos y familia por preguntarme, "¿Cómo vas con el libro?" De esta manera pude continuar y terminar. Mis hijos, Erica y David, también me apoyaban. Gracias por rezar por mí. Su amor y sus oraciones significaron mucho para mí.

Gracias a Monica Bosque por crear el trabajo preliminar para la traducción al español. Gracias especiales a Martha Sheppard que con devoción ha trabajado al lado mío para pulir y preparar esta traducción al español para tenerla lista para publicación. Ella ha llegado a ser una querida amiga y compañera de oración también.

Gracias a mi madre, quien tocaba mi corazón con palabras de gran ánimo. Insistía que escribiera, porque creía que tenía algo para compartir con otros que podría animarlos.

*   *   *

En memoria querida de mi Papá,
Robert L. Schenck
¡Te echo de menos, pero voy a verte otra vez

CONTENIDOS

CONTENIDOS

Introducción

"Yaveh, Dios mío,
¡clamé a ti y me sanaste!"
Salmo 30: 2

Cuando oí "cáncer" de mi especialista, tuve una razón para sentir que tal vez mi mundo se deshacía, para sentirme vulnerable y para enfrentarme a mi propia mortalidad. Volví a La Fuente que yo me había apoyado: Dios mi Roca, y Su Palabra muy práctica sobre sanación. Mucha gente me había dicho repetidas veces que debo escribir sobre esta experiencia. Algunas personas hasta han llegado a decirme que Dios quisiera usarme para ayudar y animar a otros que también han recibido noticias malas sobre su salud. Empecé a sentir que tenía una responsabilidad sobre eso; por lo tanto, tiene usted este libro en sus manos.

Espero que estas páginas levanten el corazón de cada uno que comparte la historia de lo que hice cuando recibí la noticia de cáncer. Junto con mi historia, presento en este libro las Escrituras de curación en que pensaba yo diariamente y la perspicacia que me llevo al conocimiento de cómo aferrarme a Dios durante una crisis.

Como dijo Eleanor Roosevelt, "¡Las Mujeres son como bolsitas de té; nunca saben que fuerte son hasta que se ponen en agua caliente!" Puedo decir francamente que el camino que tomé fue uno que nunca hubiera caminado por mi propia voluntad, pero tenía un gran valor porque me mostró que sí, creo en todo lo que mi fé me enseña. Además, aprendí que Dios vive hoy en día como se muestra en La Biblia. Cuando una gran dificultad en la vida me probó, pude una vez más encontrar que Sus promesas me llevaron con ¡resultados extraordinarios!

Espero y oro que este libro le asista para estar seguramente anclado a las Escrituras y a la bondad de Dios por Su curación, y que cualquier duda que tenga desaparezca cuando la verdad se la revele, y usted se libere de incredulidad. Mi oración para usted es que se animará y fortalezará para decir, *"Para mí, escojo agarrarme a la Palabra de Dios siempre"* cuando necesite curación.

Confío que esta confianza nueva en Su bondad y accesibilidad afecte todas las áreas de su vida.

* * *

CAPÍTULO 1

Diagnóstico

"...Cuando vendrá el enemigo como río, más el
Espíritu de Jehová levantará bandera contra él..."
Isaías 59:19 (AMP)

Sonó el teléfono mientras yo estudiaba en la sala. Lo contesté, y una voz conocida me saludó y preguntó si estaba sentada. Cuando le dije que no, la persona me dijo que debería sentarme. No podía creer mis oídos cuando lo oí – mi doctor de muchos años, Dr. Lowe, me estaba diciendo que no estaba contento con la radiografía que le traje el día antes.

Me dijo que iba a enviarme a un especialista en seguida.

"Vamos a pedirle una cita para la semana que viene," dijo. "No, de veras, voy a ver si la oficina puede darte una cita hoy o mañana. ¡Ésto es urgente!"

Lo que dijo después me hizo entender porque el doctor quería que estubiera sentada...

*   *   *

Primero, déjame reconstruir los eventos que precedieron esa llamada. Por muchas semanas, tuve un dolor de espalda que empeoraba progresivamente. Estaba abajo y al lado derecho, pero demasiado abajo, pensaba yo, para estar en el área del riñón. El dolor fue, a veces, esporádico, y, a veces, constante; Las punzadas y la presión me hicieron sentir incómoda, tanto que no pude descansar. He tenido cálculos renales varias veces en el pasado y pensé que eso podía ser el problema. Cuando tenía veinte años, fuí hospitalizada a causa de una infección del riñón derecho, entonces imaginé que me enfrentaba a lo mismo. Aumenté la cantidad del agua que bebía, y tomé jugo de arándano, esperando que eso me ayudara. El agua no me ayudó como esperaba. Luego de una semana, me despertaba en la noche con punzadas profundas en el lado derecho y abajo en mi espalda. A las 2:30 a.m., me despertaron los dolores. Le dije a mi esposo que tenía que llevarme al hospital inmediatamente. Él me aconsejó que tomara unas aspirinas en vez de ir a la clínica. ¡Estoy tan feliz que no le escuché!

Fue muy de madrugada el sábado, Febrero 23, 2003, cuando con gratitud, fuí a cama en el hospital y recibí la medicina para aliviar el dolor. Las radiografías verificaron que sí estaba pasando varios grandes cálculos renales del riñón derecho. Sin embargo, las radiografías mostraron algo diferente, una mancha en el riñón izquierdo que no me había dolido nunca. ¡De repente, el dolor constante de los cálculos renales del lado derecho se habían convertido en mi amigo! Sin ello, nunca habría sabido lo que en silencio había estado

2

creciendo en el otro riñón.

Durante las nueve horas que me quedé en la sala de emergencia, estuve soñolienta a causa de la medicina que trajo alivio bendito al dolor, pero recordé un gran vocerío alrededor de mi cama. El doctor dijo que otra radiografía con más detalles sería necesaria. Me preguntaron si tenía alergia al yodo. Eso no sabía y tuve miedo porque muchos años antes tuve una reacción alérgica a la penicilina tan horrible que casi me mata. La posibilidad remota de tener otra reacción alérgica me dió susto. Llamé a mi madre para ver si ella sabía si era yo alérgica al yodo. Mi madre me dijo que no podía recodar exactamente, pero pensó que no. Le pedí oraciones para mí, colgué el teléfono, firmé la forma de consentimiento, y me llevaron a un cuarto con un tipo de máquina que, después, averigüé que fue un CT scan.

Cuando me empezaron a poner la inyección de yodo cerré los ojos y en voz baja cité, "Cuando tengo miedo, en Tí confío", (Salmo 56:3, KJV) porque sí, tuve miedo. Estuve en la sala de emergencia, mi lado derecho me dolía como nunca a causa de los cálculos renales. El modo extraño en el que los doctores se comportaban mientras hacían otros exámenes muy rápidamente, me causaban gran incertidumbre. Me enfoqué en ese verso llena de tranquilidad mientras las enfermeras empezaron el examen. También combatía el miedo de imaginarme el tener otra violenta reacción al yodo, todavía recordando la experiencia horrenda de la reacción alérgica a la penicilina. Minutos después me dí cuenta que estaria bien con el yodo. ¡Qué alivio! La máquina produjo una imagen muy clara de mi riñón izquierdo con "algo sospechoso" en ello. El riñón *izquierdo* no me dolía, pero el examen confirmó la presencia de una masa que los médicos pensaron haber visto cuando examinaron el derecho (que *sí* me dolía).

La madrugada del sábado en la sala de emergencia se volvió la mañana del domingo. Cuando salí del hospital, el doctor me hizo prometer que contactaría yo a mi doctor regular en seguida. Este doctor no me dijo nada más, pero se lo prometí. Sus ojos y su voz me dieron la certeza de que lo que vieron los médicos en el examen, por lo visto, era grave. Al salir del hospital, tuve el presentimiento de que flotaba hacia mi carro. Todavía me dolía el riñón derecho. Quería llorar. Sentí como el miedo fue por todas partes, esperando que sucumbiera ante él, pero supe mejor. Decidí que no me permitiría dar voz a lo que el miedo me susurraba. Dije al "Y si…" en mi cabeza "¡Cállate!" Al llegar a casa, me arrastré a la cama a dormir para que la medicina funcionara y me terminara el dolor. También quería huir del sentido de miedo que quedó conmigo.

Al día siguiente, volví al hospital por la mañana para obtener una copia de las radiografías. Firmé para recibir las copias y manejé a la oficina de Dr. Lowe para dárselas. Me dijo que las vería ese mismo día, o al día siguiente, prometiéndome que me llamaría cuando las viera. Lo conocía por 19 años y le confiaba completamente, entonces, le dije que sí, y me sentí tranquila y optimista.

Al día siguiente fue el martes; un día que nunca voy a olvidar. Terminé mi medio día de trabajo por la mañana, y manejé a casa con un mal presentimiento a mi alrededor a causa de los eventos del fin de semana pasado. Había planeado mentalmente lo que queria hacer con el resto de mi día, como quehaceres de casa primero, y luego estudiar la Biblia. Empecé los quehaceres cuando sentí un codazo por dentro diciéndome que había que dejar los quehaceres y abrir las Escrituras en seguida. "Sí, sí," contesté en mi corazón, pero continué con la tarea. Después de diez minutos el codazo fue tan fuerte que dejé de luchar contra ello y fui a la sala, Biblia en mano. Sabía que ese "codazo" fuerte era Dios, diciéndome que tenía que leer ahora mismo. Cogí mi Biblia y me senté con una taza de té y un cuaderno.

Las páginas cayeron abiertas a los Salmos y me cayó el ojo a Salmo 30. Los primeros cuatro versos me sorprendieron porque, de repente, me parecieron muy personales. **Era sobre la curación, y el estar salvado de la muerte.**

Después de las circunstancias que habían pasado en las últimas 48 horas, ¡sí que, lo noté! Leyendo en voz alta, pensaba yo en el Salmo 30, respirando las palabras como una oración. Usualmente, estudio la Biblia Amplificada, y Salmo 30:1-4 dijo: "Yo te ensalzo, Yave, porque me has levantado; no dejaste que se rían de mí a mis enemigos. Yave, Dios mío, clamé a tí y me sanaste. Tú has sacado, Yave, mi alma del Seol (el lugar de los muertos); me has mantenido vivo, que no debo ir hacia abajo a la fosa (la tumba). Cantad a Yaveh todos sus santos, y dadle gracias en memoria de su Nombre Sagrado." Esas palabras me sacudieron, y me imaginé que lo que me esperaba era algo serio.

Me senté allá pensando en lo que estaba leyendo, y también pensaba en la ironía y el significado de que la biblia haya caído abierta en esos versos solo "por accidente." Cuando leía, noté especialmente los tiempos de algunas de las palabras.

Antes de aquella llamada terrible, leía, en particular, los versos dos y tres muy cuidadosamente en vez de echarles solamente una ojeada. El tiempo del verbo fue como si ya hubiera sido realizado. "Tú me **has** sanado", y no "Tú me *sanarás*." Cuando leí el tercer verso me tocó: **"Me has mantenido vivo, que no debo ir hacia abajo a la fosa (la tumba)."**

Tomé el tercer verso e inmediatamente lo hice pedazos como pan para masticar. Había mucho en esos versos.

Me estaba diciendo que:
Dios sería mi fuente.
Él me mantendrá bajo Su cuidado, y
Él me mantendra la vida (en vez de muriendo), y
que no iré hacia abajo a la tumba.

Eso fue como música a mis oídos. Luego, hice lo que siempre hago cuando leo mi Biblia – lo recibí personalmente como hablándome *a mí*.

Recé en una manera de conversar sobre lo que leía y dije, "¡Bueno, Dios, no sé lo que me vaya a pasar, pero voy a sumergirme en todos los versos de sanación que pueda descubrir! Ayúdame a descubrir cada significado posible como lo hiciste en este momento. No quiero tener ninguna enfermedad, Señor. No quiero tener ningún tumor creciendo en mi cuerpo. Confío que Tú me mantienes viva y me curas, exactamente como dice en estos versos. ...y eso es cuando sonó el teléfono...

...y eso es cuando sonó el teléfono...

Salté para contestar el teléfono, mi Biblia todavía abierta en el sofá de la sala. Me alegró oír la voz del Dr. Lowe. Nos habiamos conocido por mucho tiempo; es un encanto, además de ser mi doctor personal. Llegó al punto directamente y me dijo por qué me estaba llamando.

"Hola, querida Jackie. ¿Estás sentada?" (Me habla como familia).

"¿No, Frank, debo sentarme?" contesté. (Mi corazón empezó a latir nerviosamente.)

"Creo que sí," dijo. "Jackie, las radiografías no parecen bien." (De repente me empecé a sentir mareada. El cuarto me pareció volverse gris, como si el color se fue y todo volvió a negro y blanco y a cámara lenta).

"¿Que no?" contesté. "¿Qué quieres decir, Frank?"

"No me gusta lo que he visto nada más de lo que vió el doctor en la sala de emergencia," dijo. "Necesitas ir a un especialista en seguida," explicó.

"¿La semana que viene, entonces, Frank?" le pregunté.

"No, eso no es bastante rápido," dijo. "Hay que hacerlo ahora mismo – esto es urgente."

Me empezaba a retirar por dentro cuando me dijo eso. Siguió a decirme sobre un colega suyo que era especialista en enfermedades del riñón, reasegurándome que estaría yo en buenos manos. Cuando le pregunté qué pensaba sobre lo que me pasaba, me contestó, "Tienes que prepararte a perder tu riñón."

Mientras lo escuchaba incrédulamente, lo primero que escapo de mi fue una protesta. "¡No! ¡No!" (En voz de una niña de seis años que no se sale con la suya.) ¡Cuando alguien te dice que necesitas prepararte a perder un riñón no es una conversación normal!

"Hay que prepararte a perder tu riñón."

Una Experiencia Extraordinaria

Al mismo tiempo de tener una conversación con Dr. Lowe, tuve una experiencia que no voy a olvidar nunca. Fue la experiencia espiritual más importante de toda mi vida hasta ahora. Me llevaba y me animaba a lo largo de todos los momentos temerosos de los tres meses siguientes.

Del momento que Dr. Lowe me dijo, "Tienes que sentarte," empecé a tener un sentido de temor profundo. Cuando le oí decir, "Hay que prepararte a perder un riñón" un temor cautivante se me deslizó. Pareció que vino del suelo y pasó por mis pies, y rápidamente por mis piernas, como una viña que crece rápidamente como en una película de horror. Me sentí paralizada mientras escuchaba el latir de mi corazón, palpitando como si fuera a explotar del miedo. Este sentimiento de temor siguió por mi cuerpo y fue casi a mi estómago, listo para agarrar el corazón con sus dedos de garra, cuando sentí un sentido de amor, suave, pero fuerte. Fue como si alguien me envolviera con una manta caliente de pies a cabeza, llegando incluso hasta el corazón para protegerme.

Todo el tiempo, podía oír a Dr. Lowe, hablándome en el oído derecho, por supuesto, pero claramente podía oír dentro de mi *corazón*, "¿QUÉ REPORTE VAS A CREER?"

Yo sabía inmediatamente que eso fue un pensamiento de Isaías 53:1. En aquel entonces, suave pero firmemente llegaron estas palabras: "¿Qué te he dicho *Yo* en la sala? ¿Qué te he dicho *Yo*? ¿Cuales son MIS palabras para tí en Salmo 30? Pon los ojos y el corazón en la noticia que te dí YO, en lo que dice MI Palabra, en vez de lo que oyes ahora. ¡Pon los ojos en MÍ!"

Ésas palabras llegaban tan poderosamente a mi corazón que empezaron a dominar el momento. A pesar de lo que la voz del Dr. Lowe me decía por teléfono, tan real - interna y distintamente – llegaban a mí estas palabras que me aseguraban, llevándome como una fuerza amada, compitiendo por mí atención. Las palabras que vinieron a mí corazón se pusieron más insistentes: "¡Tú escucha a MIS palabras, hija! ¡Tú fíjate en lo que YO te dije en Mí Palabra mientras leías en la sala!"

Luego, descubrí un verso en Isaías 59:19 que dice, "Cuando el enemigo vendrá como río, el Espíritu de Jehová levantará bandera contra él." ¡Pensé que eso fue muy asombroso! El enemigo fue el temor y un análisis médico muy temeroso. ¡Aquel estandarte sería la Palabra de Dios, e iba a descubrir que me pelearía, literalmente, en los meses siguientes!

Lo que estaba ocurriendo en ese momento fue un

cumplimiento de Escritura. El amor de Dios peleaba por mí, protegiendo mi corazón y mente con un recordatorio de promesas de curación. ¡Mientras que las circunstancias e información del análisis médico trataban de atemorizarme, las promesas que estudiaba se levantaron vivas frente a mi corazón, como si Dios las soplara hacia mí con un gran mensaje! (II Timoteo 3:15, 16, AMP).

La presencia amada de Dios estuvo ahí por mí inmediatamente, de un modo muy práctico para levantar una bandera *contra el temor* con Su Palabra, la cual ofrecía mejores noticias y un gran criterio de esperanza y poder, de los cuales podía escoger. *Para mí, era un escudo viviente y cariñoso.* Como un padre cuidadoso haría por un hijo asustadizo, como si alguien me hubiera levantado la cara para que pudiera mirar en "los ojos de Papá," en los ojos de mi cariñoso Padre Celestial. Mi fé se agitaba. Nunca voy a olvidar ese momento asombroso. El Príncipe de La Paz había llegado para sosegarme y protegerme mientras estaba oyendo una muy temerosa especulación médica. En unos Evangelios, cuando Jesús enseñaba a la gente sobre Dios, presentaba a Dios como un Padre Celestial, muy cariñoso y afectuoso. Hablaba de Dios como "Abba Padre" cuando oraba. 'Abba' se traduce literalmente "Papá."

Mientras experimentaba las alentadoras palabras del Señor en mi corazón, durante la llamada de mi doctor, sentí como retrocedía aquel temor enfermo que empezaba a apoderarse de mí. Literalmente se retiró, fue empujado fuera de mí; de mis piernas hacia mis pies y de mis pies hacía el suelo. La sensación calurosa de protección fue apoderándose de mí, hasta convertise en el sentido dominante dentro de mí, causándome una sensación de seguridad.

Dr. Lowe terminó la llamada diciéndome que daría instrucciones a la secretaria del especialista, de llamarme con una cita, lo antes posible.

Una Linea de Vida de Esperanza

Francamente, no sé por cuanto tiempo me quedé en el asiento después esa llamada. Decidí que Las Escrituras fueron mi línea devida de esperanza. Regresé a la sala sintiéndome un poco como un fideo. ¡Me senté al lado de mi Biblia, sabiendo que necesitaba rezar en serio!

Estaba nerviosa, y con razón, paradójicamente sentía la paz y presencía de Dios. Se me ocurrió que estaba leyendo las Escrituras de manera oportuna antes de recibir esa llamada. Los versos que estaba leyendo en las páginas que por casualidad "cayeron abiertas" frente a mí, fueron poderosos y únicos a mis necesidades.

Sabía que quería acercarme a Dios lo más posible en aquel momento. Susurré, "Muchas Gracias" por los primeros cuatros versos del Salmo 30.

Di las gracias por todos los fuertes codazos que recibí para ir a la sala y leer *primero* en vez de hacer la tarea de casa como había planeado. Eso me puso un escudo de protección y una promesa antes de recibir esa llamada.

¡Solamente Dios pudo haber sabido cuanto iba necesitar yo leer esos versos y tener un momento en silencio, antes de recibir esa llamada! El tiempo que pasé leyendo iba esos versos fue como un puente que Dios usó para hablar a mi corazón y para pelear por mí cuando el miedo trataba de apoderarse de mí. Abrí la boca y dejé correr mi corazón con gratitud en esta oración:

"¡Gracias por recordarme de pensar en Tus Palabras mientras el doctor me dijo que necesitaría prepararme a perder un riñón!

"Gracias por Tus Palabras que me dicen que nunca me dejas ni me desamparas (Hebreos 13:5, AMP) y que Eres El Señor Dios que es mi Sanador (Éxodos 15:26, AMP).

"Gracias que sé Tu Nombre, Jesús. Gracias por no dejarme sola durante esta dificultad y por guardar mi vida de ir hacia abajo a la tumba como la Escritura dice en Salmo 30:3 (AMP).

"Gracias por Tus Palabras que me dicen que fuí sanada por los latigazos de Jesús. Eso significa que mucho antes de nacer, Tú Dios sabías que yo estaría en este momento, con *estas noticias*, y Tu ya habías preparado la repuesta de proveer mi necesidad por el poder de lo que Tu has logrado en Jesucristo"... y seguí en esta manera por un rato. No oré el miedo, sino oré la Palabra de Dios.

Di gracias a Dios por sus soluciones. Oré lo que las Escrituras enseñan, en vez de orar impotencia o miedo a lo que el doctor me había dicho. Pienso que mucha gente, naturalmente, hubiera llamado a sus amigos y familia, soyosando y hablando de cáncer. Se hubieran oído diciendo a otros que tienen cáncer, y que van a perder su riñón, y la noticia hubiera crecido de conversación a conversación.

No oré el miedo, sino oré la Palabra de Dios.

Decidí no llamar a nadie, ni a mis padres, ni a mis hijos, ni a ningún amigo por el momento. Decidí prepararme utilizando La Palabra de Dios, y estar muy tranquila para quedarme en ese lugar tan pacífico. Mi mente y corazón estaban tranquilos, lo consiguieron meditando en las Escrituras que ofrecieron promesas de vencer - promesas de vida, de sanación, y esperanza. No quería romper esa paz con habladuría de las noticias del doctor. Tampoco quería explicar los detalles porque sabía que alguien iba a decir aquella 'c' palabra que no quería decir ni oír...

Hay Que Quitarle El Riñón

CRECIMIENTO. MASA. TUMOR. CÀNCER. Las palabras que nadie quiere oír nunca. No fue hasta que estaba sentada en la oficina del especialista que el Dr. Lowe me recomendó, que me dí cuenta de que nunca me había dicho la palabra "cáncer" en aquella llamada inicial. ¡Que Dios lo bendiga por eso! De veras, le agradezco mucho que no dijera la palabra "c", como empezaba a llamarla yo, porque me ayudaba a resistir el miedo, permitiéndome usar mi fé más agresivamente. Determiné que eso iba a ser la táctica para mí – pensaba en la situación, y si y cuando hablaría a alguien sobre eso. Sabía que las palabras que entraron a mi mente y salieron de mi boca eran la clave para saber si me quedaría en la fe o en el miedo. El miedo y el cáncer son

13

como primos, cogidos de la mano, y no quería que ninguno de ellos establezca posición en mí.

Un día y medio después de esa llamada por teléfono, me encontré sentada en la sala de espera del médico que fue recomendado por Dr. Lowe. Era especialista en enfermedades del riñón y cánceres. Su nombre era Dr. Baghdassarian.

Dr. Lowe lo había conocido durante años y él era uno de sus colegas de mayor confianza, así que me sentía muy cómoda al verlo. También era cirujano (eso me puso nerviosa porque tenía la esperanza de no necesitar cirugía. ¡Quería que se fuera todo esto que "vas a perder tu riñón"!), y Dr. Lowe me aseguró que era uno de lo mejores del área.

El miedo y el cáncer son como primos, cogidos de la mano, y no quería que ninguno de ellos establezca posición en mí.

¡Eso No Es Aceptable!

La noticia que recibí del especialista fue muy desalentadora. Después de una introducción rápida y una explicación breve sobre la razón por la cual estaba yo allá, el doctor estudió las radiografías que traje de la sala de emergencia.

Se volvió, me miró, y me dijo, "Si, por supuesto tenemos que quitarle el riñón."

Todo, en ese momento, se sentía como en cámara

14

lenta. Cuando le pregunté, "¿¡Por qué?!" me dijo que veía tumores todo el tiempo, y que éste era bastante grande, y lo más seguro era quitarlo. Le pregunté ¿qué implica la cirugía? y ¿qué tipo de cortado? (Hasta esta fecha, no tenía ninguna marca física, ni cicatrices ni estrías. ¡No me gustaba la idea de que me iban abrir o de tener cicatrices!)

Dr. Baghdassarian me explicó que la cortada iba de la parte general izquierda, cerca del ombligo, continuando alrededor de mi lado, hasta la parte posterior, cerca del riñón. Mi cabeza comenzó a llenarse de niebla mientras el doctor me hablaba. Lo único que se me ocurrió fue, "*¡Eso no es aceptable!*"

¡De mas está decir que yo no tenía ningún deseo de ser cortada como una sandía grande! A mi sorpresa, sin pensar en eso, las palabras, "¡ÉSO NO ES ACEPTABLE!" salieron de mi boca.

Él se quedó perplejo por un momento, pero continuó con su explicación. Me dijo que la masa parecía ser contenida y situada en el centro del riñón. Dijo que iba a programar una serie de exámenes completos lo cual revelaría si algo se había hecho metástasis a otro sitio en mi cuerpo; cuando esos exámenes verificaran lo que esperaba, fijaríamos una fecha para la cirugía.

Me dio la mano con afecto, sonrió, y salió de la oficina. Me quedé sola, con el eco de sus palabras alrededor de mí.

NO LLORÉ – ESTABA ENTUMECIDA. ¿Cortarme abierta? ¿Quitarme el riñón? ¿Ha propagado el cáncer por dondequiera en mi cuerpo? Me sentí como si estuviera viviendo un mal sueño. Cuando me levanté para poner mis rayos x en el sobre grande, me sentí como si estuviera empujando contra Jell-O espeso, cada movimiento requería esfuerzo. Yo apenas podía coordinar mis dedos lo suficiente para poner los rayos x dentro del sobre. Después, caminé por el pasillo con las piernas que se sentían como fideos cocidos.

Pensaba yo, "Eso no es aceptable. Eso simplemente *no* es aceptable."

Llegué a la conclusión unas semanas más tarde que la respuesta interna fuerte de, "**Eso No Es Aceptable**" probablemente era, la voz de mi fé manteniendo seguro mi corazón. No era negación; era mi fé hablando – no permitiendo entrada al miedo, no permitiendo entrada a la duda, ni permitiéndome aceptar lo que estaba oyendo. Pienso que demasiada gente lo hace cuando recibe noticias médicas pavorosas. *En vez de buscar a Dios, están en estado de shock y simplemente aceptan lo que les dicen*, como si lo que el doctor dice es la única posibilidad.

Malas noticias se convierten en una declaración de perdición. Se empieza a ganar impulso como una bola de nieve tratando de convertirse en una avalancha.

Además, hacen lo que respectivamente, considero ser un error; ir contando a todos el diagnosticó aterrador, así lo repiten y lo repiten fuera de su propia boca de ellos. Todo el mundo empieza a aceptar que "así es," aúnque no quisieran que así fuera. Las malas noticias pueden convertirse en una declaración de perdición. Se empieza a ganar impulso como una bola de nieve tratando de convertirse en una avalancha.

Yo no quería tener nada que ver con eso. ¡Llamé al Dr. Lowe esa misma tarde y le dije que no me cayó bien el especialista al cual me envió! Dr. Lowe comprendió de inmediato - no era en realidad que no me haya caído bien el Dr. Baghdassarian; era que no me gustaba lo que me estaba *diciendo*.

Le dije al Doctor Lowe que estaba frustrada porque me entumecí mentalmente durante la cita y me olvide pedir al especialista las preguntas que tenía intención de pedir. ¡Le dije que me sentía enojada (me han dicho que eso es una reacción común) porque no me parecía correcto que alguien podría entrar en la sala, apenas saludarle a usted, anunciar que uno de sus órganos tiene que ser arrancado (¡que, *no* es, *en absoluto*, cómo el doctor lo había dicho!), darle la mano, y así salir de la sala!

Dr. Lowe me escuchó con paciencia mientras yo lloriqueaba. Me aseguró que hablaría con Dr. Bagdassarian en mi nombre para que yo pudiera verlo otra vez. Dentro de un par de días estaba de vuelta en la oficina del especialista.

"¡Bueno, señorita," me dijo con un brillo en sus ojos, "veo que está de vuelta! Dr. Lowe me dijo que no estaba contenta con nuestra primera reunión. Me dijo que usted es su paciente y amiga de muchos años. Puedo asegurarle que voy a darle todo el tiempo que necesite para conseguir las respuestas a sus preguntas, y me aseguraré de que usted obtenga el mejor cuidado."

Vimos las radiografías otra vez y me ayudó a comprender lo que aparecía en ellas. Mientras hablabamos, me sentía abrumada, extraña, lejana... (más tarde me dí cuenta de que era parte de un shock mental

17

causado por la manera en que yo estaba tratando de procesar lo que estaba escuchando y viendo en las radiografías), pero me sentí mejor porque él era tan amable y paciente conmigo.

Una Situación Sin Salida

El cliché viejo "entre la espada y la pared" vino a la mente. Como el doctor y yo hablamos, le pregunté si podíamos cumplir la cirugía pero no asumir que el tumor era algo que me haría perder el riñón. (Nunca llamé al tumor la palabra 'c').

"¿Porque no podían quitarme el tumor y dejar el resto del riñón solo?" le pregunté. "Tal vez sería benigno". (*Benigno* significa que no hay cáncer; *maligno* significa que sí hay cáncer).

Ahí fue cuando me lo explicó de una manera que yo podía entender lo que estábamos viendo en las radiografías y a lo que me estaba enfrentando. Las radiografías mostraron que el tumor estaba ubicado en el centro, en el área donde se crea la orina en el riñón. El riñón actúa como un filtro. Los residuales son producidos y reunidos en este área central, convirtiéndose en la orina, y luego se libera a través de tubos (llamados uréteres) que conducen a la vejiga. De allá la liberamos de nuestros cuerpos.

El doctor explicó que la ubicación centralizada del tumor en el riñón fue un factor clave. Aunque fuera benigno, era de tamaño largo– lo que significaba que estaba *creciendo* – y cortar el tumor haría inútil el riñón.

¡Qué frustración! Era claro que el riñón se perdería de

cualquier manera. *Me encontré en una situación aparentemente sin salida.* Gracias a que el doctor se había tomado el tiempo para ayudarme a entender lo que estaba viendo en las radiografías, pude ver claramente de lo que estaba hablando. *Por más que me disgustaran, éstos eran los hechos médicos y estaban mirándome directamente a la cara.*

Hace años había estudiado para ser técnico en emergencias médicas (EMT). Aprendí lo suficiente para saber que no había vuelta de hoja a lo que el doctor me estaba mostrando y diciendo – es decir, no hay manera de evitarlo naturalmente hablando.

Habría sido más fácil (y natural) rendirme, y simplemente decirme a mí misma, "Bueno, por lo visto, voy a tener que perder el riñón."

Después de todo, el doctor de la sala de emergencia, mi propio doctor, y ahora un especialista/cirujano, todos me habían dado malas noticias. Y ahora podía ver por mí misma que *la masa estaba en el peor lugar del riñón.*

Pero la frase reactiva, "¡Esto no es aceptable!" seguía repitiéndose y saliendo a la superficie. Ese pensamiento no me soltaba. Pedí al Doctor "B" si podía recomendarme a otro doctor. Le dije que no quería trabajar con alguien más, porque el Dr. Lowe lo había recomendado tan enfáticamente, pero me sentiría más responsable conmigo misma si obtuviera otra opinión debido a la gravedad de la situación. Me recomendó a un doctor al otro lado de la ciudad.

Mientras tanto, el Dr. "B" dijo que quería programarme para hacer una serie de análisis para comprobar mi sangre, la médula ósea, el área intestinal, y mis otros órganos. Quería verificar que nada había hecho metástasis. *Metástasis* es una palabra cortés para un concepto muy grosero. Significa que el cáncer se ha propagado y anclado en sí en otros lugares y órganos, o tal vez por todo el cuerpo, que es obviamente fatal.

Fue una caminata larga desde el consultorio del médico de nuevo a mi carro. Era un día hermoso y soleado, pero, para mí, ya no era un día típico. "Típico" había desaparecido completamente hace una semana cuando recibí por primera vez las noticias sobre la masa creciendo en mi riñón. Cada paso se hizo eco de la palabra "metástasis". ¡Todo se sentía raro y de otro mundo, como un mal y extraño sueño– uno del que, seguramente, no quería ser protagonista!

Yo estaba nerviosa sobre las pruebas inminentes. Sabía que tenía opciones en las cuales debía centrarme – me imaginé que tenía dos palabras "c" importantes en mi vida: la palabra "c" mala, la que nunca me permitía mencionar, y la palabra "c" de Vida - *Cristo*, el Hijo de Dios Viviendo, mi Redentor, Salvador y CURADOR, a quien yo acudía como mi roca y médico personal.

No sabía si tal vez otra palabra andubiera rondando por mi futuro: quimioterapia. Yo no sabía cómo los detalles se desarrollarían en el camino en que yo andaba. Decidí que tenía que pelear fuertemente para que no me llevara mi imaginación a la posibilidad de que las cosas podrían salir mal.

Rechacé el permitirle a mi mente imaginar la posibilidad de pasar por la quimioterapia. Ni una sola vez. *Ni una sola vez.* No me permití drama mental o escenarios de preocupación. No me di permiso a investigar ni a aprender sobre la quimioterapia. Hasta ahora, no había hablado de todas estas cosas con nadie más que con Dios. ¡Me sentí como si hubiera sido empujada sobre el borde de un acantilado, y Él fuera mi cuerda de salvación!

Seguía meditando en La Palabra de Dios, porque era mi fuente y provisión, mi lugar de descanso, y esperanza. Era lo que me dio valor, y era mi disposición. Hay un verso que dice, "Tú guardarás en completa paz a aquel cuyo pensamiento en ti se queda (o fija)" (Isaías 26:3, KJV). Yo estaba decidida a mantener mis pensamientos en ese lugar de paz. *Trataba a la Palabra de Dios como si fuera una línea intravenosa, alimentando valor directamente a mi corazón y pensamientos.* Cada cita del médico y lo que me decían eran oportunidades para tener miedo, pero en vez de eso yo elegiría recordarme, en voz alta, de lo que Dios dijo y lo que YA El había hecho por mí en todos los versos de curación.

Vi La Palabra de Dios Literalmente Como Medicina

En vez de anticiparme a la quimioterapia, yo me ocupaba en llenar mi mente y corazón con las promesas de Dios como "tratamientos médicos". No dos veces cada semana, ni una vez cada día, sino cada momento libre. Escuchaba las cintas de enseñanza sobre sanación en el carro. Hice cintas para mí misma leyendo los versos de curación para que yo pudiera oírlos una y otra vez. Hice posters grandes de colores brillantes, con versos de curación escritos en ellos, y los puse en las paredes de mi casa. Hice tarjetas de dimensión 3x5 con versos de curación en ellas para meditar, palabra por palabra, y recordarme de dar gracias a Dios por sus promesas. No pude inyectar Su Palabra en mis venas como tratamiento intravenoso, pero sí podría poner la palabra curativa de Dios como medicina en mi entendimiento.

Cuanto más me llenaba de Su Palabra, más prosperaba mi alma. Creía que mi cuerpo también podría prosperar, y ser bendecido a un nivel celular. Solamente habría una palabra "C" dominante en mi vida – Cristo – y no la otra palabra "c" horrible: cáncer. Esto era III Juan 1:2 en acción. Se lee, "Amado, yo deseo que tú seas prosperado en todas las cosas y que tengas salud, así como prospera tu alma." *Mi alma estaba prosperando al alimentarse de La Palabra de Dios,* y yo confiaba en que estaba produciendo la salud y la sanación en mi carne, como dice que lo hará en Proverbios 4:20-22 (AMP).

A lo largo, de toda la experiencia, nunca tuve problemas con el sentimiento o el pensamiento de "¡Ay de mí!" o "¿Porqué yo Dios?"... ni por un momento. Muy a menudo se oye la cuestión: "¿Porqué yo?", o "¿Porqué Dios permite que me pase esto a mí?" ¡Eso es ciertamente una pregunta razonable, viniendo de un corazón humano que se siente abrumado!

Creo que de vez en cuando la gente se encuentra perdida en el medio de tantas preguntas como estas, y luchan fuertemente contra el sentimiento de culpar a Dios, porque se sienten dañados, enojados, y asustados, pero el poner la culpa en alguien, no ayuda a nuestro corazón a abrirse y *confiar para recibir la ayuda que necesitamos.* Para mí, sabía que autocompasión no me serviría bien, así que necesitaba evitarlo si pudiera.

Yo estaba tratando con cosas serias. Sabía que podría estar en la pelea de mi vida, pero no le eché la culpa a Dios. ¿Cómo podría? Él me mostró bondad de avisarme con las piedras del riñón (una experiencia dolorosa, pero no peligrosa). Eso, a la vez, me sirvió en hacerme ir a la sala de emergencia a causa del dolor, y fue allá que descubrí la masa en el riñón derecho, que sí era algo en serio.

¡Él no tenía que hacerlo! Yo veía Su gracia velando por mí. Sabía también que todo en Su Palabra me dice que Él es bueno, que Él me ama, Él es mi Proveedor y Curador, Redentor y Amigo, así que sabía que iba a ser mi Dios cuando me volviera a Él. El Señor tiene un registro coherente en toda la Escritura, especialmente en la persona de Jesucristo, Su Hijo. Todo me mostró que Él es generoso sin medida. Cualquier persona con una reputación o carácter excelente es de fiar. ¿Cuánto más, por lo tanto, podría confiar en Dios, que es siempre fiel? Era lógico.

Referencias de Las Escrituras - Capítulo 1

Salmo 56:3   ...al miedo, en Ti confío
Salmo 30:1-4   Lloré a Ti, Tú me has sanado
Isaías 53:1   ¿Quién va creer el informe del Señor?
Isaías 59:19   Espíritu levantó un estandarte
II Timoteo 3:15,16 Toda Escritura es inspiraba por Dios
Hebreos 13:5   nunca Dios nos deja ni nos abandonas
Éxodos 15:26   Dios es el Señor que me sana
Salmo 30:3   ...Tú me has mantienes viva...
Isaías 26:3   ...paz perfecta...fíjate en Dios...
III Juan 1:2   ... goza de salud como tú alma prospera
Proverbios 4: 20-22...Su Palabra es salud y sanación

*   *   *

CAPÍTULO 2

Mi Plan de Batalla

"No se aparte de tus labios el Libro de esta Ley;
meditalo día y noche...
Sea fuerte y valiente..."
Josué 1:8, 9 (AMP)

Sɪᴇᴛᴇ DÍAS HABÍAN PASADO desde la primera visita a la sala de emergencia, y el Domingo por fin había llegado. Aún me dolía el área del riñón derecho mientras las últimas pequeñas piedras pasaban, pero quería ir a la iglesia. No tenía la energía de ir a mi propia iglesia, la que está a una distancia de mi casa, así que fui a una más cerca, donde también conocía al pastor. Quería verlo y hacer lo que se instruye en la Biblia en Santiago 5:14 cuando la enfermedad golpea. Yo quería que alguien rezara por mí, que me ungiera con aceite, y pedirle a Dios la curación. Sabía yo que necesitaba a Dios.

No sólo me enfrentaba con una cirugía mayor, pero era claro que me podría enfrentar con algo aún más aterrador. Mientras me sentaba en la iglesia, me di cuenta de algo muy feo que había dicho al principio del mes. Eso me sacudió, y también me di cuenta de que hay una parte en Santiago 5 que se me olvidó. *Una parte importante para recibir curación se explica en Santiago 5:16* (NIV). Habla sobre confesar nuestros pecados unos a otros para alcanzar curación. Estaba siendo recordada de aquel momento tan feo porque necesitaba yo corregirlo, porque es un corazón limpio el que puede recibir bendición. Dios me dio esa Escritura para corregir y limpiar mi corazón.

Los malos pensamientos me habían llegado porque un mes antes del diagnóstico había mucha discordia en mi hogar. Cada cosita se volvió en una disputa y me ponía muy desanimada sobre unos asuntos importantes que no parecían ser resueltos. Eso me afectaba muchísimo y yo me había puesto tan deprimida. Después de que mi esposo abandonara la recámara a causa de otra disputa entre él y yo, primero pensé a mí misma en mi corazón y luego *dije* en voz alta:

"Te necesitas morir, Jackie. Eres una persona estúpida y no comprendes como tener y mantener relaciones. Simplemente necesitas morirte. Necesitas estar muerta. No vales nada para nadie. Si, necesitas morirte; eres perdedora."

¡Esas palabras son muy extremas y horribles de *pensar*, y aún menos permitir que salgan de tu propia boca! Tengo que admitir que, en aquel momento cuando lo dije, *me* sacudió y pensé, "¡Qué intenso!", pero lo dejé aparte y continué los quehaceres de casa.

Durante aquella primera semana después de recibir las noticias sobre "la pérdida del riñon", me acordé del verso en el libro de Santiago que advierte, "Donde hay discordia, hay toda clase de mal." Diariamente perseguía Las Escrituras para recibir sanación de Dios, pero fue como si el mal tratara de socavarme a cada paso utilizando la discordia.

El temor no pudo penetrar ni en mi mente ni en mi corazón, sin embargo mi hogar se convirtió en un nido de avispas. Al pensar y hablar algo tan feo de mí misma, me hice vulnerable a "cada obra del mal." ¡De verdad parecía algo del oculto! Desde la perspectiva amada de Dios, esos pensamientos y palabras estaban llenos de muerte y destrucción.

Ahora estaba en la iglesia para comunicarme realmente con Dios, pedir oración, y pedirle curación. Inmediatamente supe lo que tenía que hacer. Tenía que "confesar mis pecados" como dice en Santiago 5:16 (NIV). No quería hacerlo, pero no discutí. Sabía que tenía que ser humilde.

Después del servicio me acerqué al pastor y le dije, "Es posible que tengo un problema médico el cual es muy serio," y les pedí a él y a los ancianos de la iglesia que impusieran sus manos sobre mí y me ungieran con aceite. Se puso de acuerdo inmediatamente y dijo que iba a conseguir algunas personas. Entré en otra área para esperar mientras él consiguió a los ancianos para orar por mí.

Una vez que todos se reunieron, frente al pastor, los ancianos, y mi esposo (que no tenía ninguna idea de lo que iba a decir, y ¡qué sorpresa se llevo!), les dije que antes de que oraran por mí, necesitaba arrepentirme de algo para así estar en conformidad con Santiago 5:16 (NIV). Les expliqué lo que había ocurrido en mis pensamientos y había salido de mi boca un mes antes - que yo había dicho que era una perdedora y que debería estar muerta.

Los miré a todos y dije, "Necesito arrepentirme ante el Señor por tener un corazón tan feo, por mis tontas y pecadoras palabras, y por hablar tan deshonrada e irrespetuosamente de mi misma. Confieso ante todos ustedes y Dios que mi actitud y palabras fueron malas ante los ojos del Señor."

Continué, "Jesús advierte que la vida y la muerte están en poder de la lengua. Llevo esas palabras hasta el pie de la cruz, y me pongo bajo la protección de la sangre de Jesús; me convencí de esto durante el servicio de la iglesia. ¡No quiero causar un rompimiento en la protección de gracia que me rodea, o dar permiso al Diablo a dar golpes bajos a mi vida a causa de mis palabras necias!"

Todos me miraban con asombro, pero no me importaba. No dije todo eso para impresionarlos a *ellos* (¡al contrario, yo hubiera preferido quedarme en silencio para evitar la vergüenza!) o para parecer religiosa. Lo hice para someterme a un Dios santo para que Santiago 5:14, 15, y 16 se cumpliesen en mi vida, y satisficiesen mi necesidad de sanación. Sabía yo que cada doctor hasta hora creía que la masa en mi riñón era cáncer. *¡No era tiempo de mentiras ni de estar jugando juegos mientras intentaba recibir las promesas sactifactorias de la palabra de Dios!* ¡A lo que me enfrentaba era muy real, por lo tanto tenía que ser muy real con Dios, aunque me hiciera sentir avergonzada!

Cuando rezamos juntos, cité versos de curación sobre mí, y le pedí a Dios cosas muy específicas:

- Que me curara completamente

- Que me protegiera de la palabra "c", es decir "cáncer", y si es que ya lo tengo, que lo cambie

- Que no se transmitiera la palabra "c" a ningún otro lugar de mi cuerpo

- Que yo no tuviera que perder mi riñón

- Que saliera del hospital después de la cirugía con dos riñones sanos que funcionan bien

- Yo también pedí a Dios que me sanara después de la cirugía sin ninguna complicación ni feas cicatrices.

Incluso mientras hablaba con el pastor y los ancianos de la iglesia, y les explicaba sobre los reportes de los Drs., usé la frase "la palabra "c" mala." También cuando recé usé esa frase y le dije a Dios que yo sabía que *Él sabía* lo que significaba. Continuaba aquella disciplina sobre mis propias palabras durante todo el proceso de tener fé en mi curación. No me permití decir esa palabra.

La Palabra lo hace claro que Dios cura y restituye a la gente. ¡Él no quiere que nadie pierda ningún órgano!

Los otros rezaron por la misericordia de Dios, pero uno de ellos oró, "Si es Tu voluntad que ella pierda su riñón..." lo que no me caía bien, pero entendía que él trataba de "cubrir todas las bases" cuando rezaba. Eso claramente *no* fue oración de las Escrituras. La Palabra lo hace claro que Dios cura y restituye a la gente. ¡Él no quiere que nadie pierda ningún órgano!

Me di cuenta de que mucha gente que ama a Dios, a veces, no son muy educadas ni tienen conocimiento del poder de orar literalmente La Palabra de Dios sobre las necesidades de la gente.

De todos modos, todo lo que yo sabía fue que tenía que ser obediente a lo que la Biblia nos enseña a hacer en Santiago 5:14-16 cuando estamos afectados con la enfermedad, y que tenía que confiar en Dios.

Hubo abrazos por todas partes. Cuando me fuí, todos me dijeron que esperaban verme la semana siguiente, y que querían saber lo que me pasara. Mientras me alejaba, miré hacía átras, sonreí, y dije, "¡Yo me sentiré *grandiosamente* porque está escrito que 'Dios es mi Señor quien me sana' y 'por los latigazos de Su Hijo yo fui curada'!" Declaraba yo *las Promesas de Dios*, citaba Sus palabras de Isaías 53, y también de Éxodo 15:26, y confiaba en Su Palabra la cual fue apoyada por Su fidelidad y poder.

Algunas personas han de leer mis palabras donde admito una actitud horrible y han de decir, "Jackie, eres demasiado severa contigo misma. Dios entiende cuando nos desanimamos y hablamos sin pensar. No es gran cosa." Puede que alguna gente me lo ofrezca para darme ánimos, pero esas palabras eventualmente son una forma accidental de decepción.

En el antiguo Testamento, de hecho por todas las

Escrituras, es muy claro que Dios hablaba Su palabra en serio, y cuando la gente no la escuchaba en serio, Él se ponía muy disgustado.

En el Nuevo Testamento, Jesús también enseñaba que seríamos juzgados de toda palabra vana que habláramos. (Mateo 12:36, 37, NIV).

Yo he rezado sobre lo que Jesús quisó decír cuando nos advirtió sobre las palabras vanas, porque Su comentario me sorprendió y me molestó. Me dí cuenta de que Dios tiene una perspectiva muy diferente a la de nosotros sobre el uso de las palabras. Somos impertinentes con el uso de las palabras, pero Él no lo es. Es claro que cuando nuestros pensamientos no son renovados a lo que enseñan las Escrituras, no estamos 'consciente de Cristo' o 'conscientes de Palabra', como a Él le gustaría. Esto no significa que no creamos en Dios o que no lo amemos, en absoluto. Simplemente significa que nuestro conocimiento de como Él piensa y habla es muy subdesarrollado en un nivel práctico. Por eso tuve que hacerme responsable ante Dios y Su Palabra por las cosas malas que había dicho. Yo estaba tratando de aprender a ser más consciente de Él y de comprender como quiere Él que piense y hable.

Mi objetivo en total era ajustarme con Dios, traerle los pensamientos contaminados de mi corazón, confesarlos cómo detestables en *Su* perspectiva, y finalmente recibir el perdón cómo dice en I Juan 1:9, "Él es fiel y justo para perdonarnos de nuestros pecados y *limpiarnos* de toda maldad." No hubiera sido buena idea que yo escuchara la frase "no es gran cosa" con el intento de consolarme. Si yo hubiera tomado esa actitud en vez de la que tomé, habría hecho lo que adviette Juan 1:8 – yo hubiera dicho que yo *no pequé* al decir esos pensamientos feos, y por ende me habría puesto en una posición de autodecepción, según ese verso. Un detalle como ese hubiera sido un impedimento para que yo recibiera curación.

El modelo de Dios por toda Su Palabra es éste:
Él corrige para que pueda curar y restablecer.

No cabe duda que hubiera sido mucho más conveniente el no dar importancia e ignorar lo que yo había dicho, pero dentro de mí hubiera sabido que estuvo mal y que no obedecí el codazo de corrección del Señor. *¡Él sólo nos corrige para amarnos y curarnos!* El no obedecer solo hubiera creado culpabilidad. ¡La culpabilidad es improductiva! La sabiduría de Dios está en los detalles. Lo veo por toda Su Palabra. Los detalles sobre la condición del corazón le importan a Dios. Me corrigió para que me curara. Ese es Su modelo por toda La Palabra: Él corrige para que pueda curar y restablecer.

Las Palabras que Elegí Hablar

Una semana después tuve otro examen, con aún más noticias desalentadoras. Yo odiaba oir la palabra "c". Cuando recibí las noticias del doctor, me metí en el carro y me quedé allá sentada. ¿Cómo haces mandados después de que te han dicho que tienes cáncer y que tienes que perder tu riñón? ¿Cómo puedes ver el camino claro para manejar a casa después de recibir noticias como ésas? Todo se siente diferente.

32

Después de un momento, puse la llave en la ignición.
"¿Señor?" dije. Silencio. No hubo codazo, sólo silencio.
Sin embargo lo que noté *esta* vez fue que no tuve miedo.
Extraña, fuera-de-cuerpo, aturdida – ¡Si! Asi me sentía,
pero no sentí miedo ni pánico. Aquella sensación de
"paz que sobrepasa todo entendimiento" se manisfestaba
ante mí. Fue algo muy asombroso. El verso que dice que
Dios guardará en paz al que mantenga su mente fijada en
Él, vino de nuevo a mi mente. (Isaías 26:3, NLT).

Yo empezaba a entender que "la paz" era no tanto un
lugar o un estado de ánimo, sino era una *Persona*. Esos
versos que se escuchan durante la Navidad, sobre las
profecías del Rey Infante y Sus nombres... "Maravilloso,
Consejero, Dios Fuerte, Padre Eterno, Príncipe de la
Paz, Emanuel – Dios con nosotros" (Isaías 9:6 y Mateo
1:23), todos eran cada vez más reales a nivel práctico,
encontrándome a cada paso del camino.

Yo pensaba más y más sobre la importancia de que mis
palabras reflejaran mi fé en las Palabras de Dios.
Continué con mi decision de no contarle nada a mi
familia por el momento. Ni siquiera quería que mi
nombre estuviera en una lista de oración porque no
quería que mi nombre fuera asociado con la palabra
'cáncer'. ¡No quería que un concierto de voces hablara
acerca de que tenía cáncer mientras se llamaban uno a
otro por teléfono para orar por mí!

Tengo unas amigas selectas que saben cómo sostener
las promesas de la Palabra de Dios cuando se trata de
curación. Ellas lo hacen fuertemente, humildemente,
fielmente y creyendo en la Palabra de Dios sin dudar.
Fueron las únicas personas a quienes decidí llamar. Aún
hablando con mis confidentes espirituales, nunca me

permití decir la palabra 'c'. Continuaba mi disciplina de fé, decidí no ensayar mentalmente el informe de los doctores, o hablar sobre eso; sino decidí repetir consistentemente el informe de la Palabra de Dios (las promesas de curación) sobre mí y mi cuerpo.

Centrando en Las Palabras de La Vida, No La Muerte

Unas semanas habían pasado desde aquel viaje de madrugada a la sala de emergencia el 23 de Febrero. Ya era el mediados de Marzo. Entre todas esas pruebas y radiografías, me quedé esperando que de alguna parte recibiera noticias de que la masa había desaparecido, o al menos vuelto más pequeña. Desafortunadamente, cada prueba confirmó la posición de los doctores – que tendría que perder el riñón. ¡En cuanto a mí, "¡Eso no es aceptable!" todavía seguía sonando insistentemente en mi interior! ¡Lo que las pruebas y los doctores estaban diciendo no coincidía con la Palabra de Dios! ¡Me gustaba más el informe del Señor!

Con un espacio de dos semanas entre las citas, tuve que guardar mi mente y fortalecer mi fé. Pensé que Dios ciertamente me podría curar en un instante, pero también estaba consciente de que la curación podría ser Su *proceso* en mi cuerpo. Me acerqué a Dios y a Su Palabra como mis Fuentes y mi "centro de tratamiento". ¡No me importaba la manera en que lo recibiera – como en un instante o como un proceso – *de cualquier manera sería Dios* y yo insistiría en recibir la curación!

RECIBIR LA CURACIÓN tiene tanto que ver con lo que decimos, pensamos, y creemos, que con lo que *no* nos permitimos decir o pensar o creer. Las Escrituras nos enseñan que es mejor no ser de doble ánimo cuando buscamos a Dios en la oración. Todo funciona junto. Antes de ir más allá, observe las palabras al principio de esa frase: *Recibir la curación.* Eso implica que alguien necesita recibir (activamente). Pensé que aquella persona era yo. (¡Dios no es la persona con la necesidad!)

El asunto no es de persuadir a Dios que haga algo, sino aceptar y recibir lo que Él dice en Su Palabra *ya ha hecho por nosotros.* Me había preparado para no decir que yo era víctima de la palabra mala "c" que todos los médicos dijeron que tenía. La razón por la cual sé que todo esto está relacionado (las palabras de Dios, creer y confiar en Él - y recibir) es porque **Jesús explicó en los Evangelios**, particularmente en Mateo 12:34, **"De lo que rebosa el corazón, habla la boca."** Había un vínculo definido allí. Yo necesitaba tener una mayor consciencia sobre lo que estaba en rebosaba de mi corazón, y también de lo que permitía salir de mi boca. Era *imperativo que yo no permitiera a mi corazón recibir el informe de cáncer o empezar a permitirme a pensar o decir,* "Bueno, pienso que tienen razón. Por lo visto tengo que perder el riñón," porque se habría agotado mi capacidad de confiar en Dios y Su Poder.

Creencias, palabras, y pensamientos tienen que estar alineados para que no haya duplicidad de pensamiento cuando nos acercamos a Dios por ayuda. En Santiago 1:6, 7 (NIV) se nos advierte de no ser de doble ánimo, y Josué 1:7-9 enseña que para obtener buen éxito en obediencia, ¡no podemos permitir que las palabras de Dios salgan de nuestras bocas sin meditarlas!

Dios nos enseña en Deuteronomio 6:1-9 que hay que

recordar y hablar Su Palabra. Hay que construir nuestras vidas alrededor Su Palabra. Su Palabra dice que hay que hablar de Él y Sus Palabras cuando nos levantamos, cuando nos acostamos, cuando andamos, y cuando vamos en nuestro camino. Claramente, Él quiere que seamos muy diligentes al empaparnos de *Su Palabra, y Él quiere que sepamos como piensa Él.* Josué 1:9 es especialmente asombroso... ¡dice que Dios quiere que nos centremos en Su Palabra para que nos bendiga, para que tengamos buen éxito y utilicemos sabiduría en nuestras vidas! ¡No es para hacernos "religiosos", sino, es una bendición muy práctica en la vida cotidiana! Dios aún usa la palabra "prosperidad" en esos versos.

YO SABÍA QUE LA PALABRA DE DIOS sería un escudo viviente de protección para mí. **Sabía que Su fuerza y poder se impregnaron en Su Palabra,** y me mantendrían cerca de Él y me curarían. Otra razón por la que yo quería practicar "Palabra-disciplina" era una promesa que encontré en Hebreos 4:12, la Versión Amplificada. Dice que La Palabra de Dios es *viva,* así que sabía que iba a trabajar activamente dentro de mí día y noche:

"Porque la Palabra que Dios habla es viva y llena de energía [por lo que es activa, operativa, energizante, y eficaz]; es más cortante que cualquier espada de dos filos, penetra hasta la línea divisoria del aliento de vida (alma) y [el inmortal] espíritu, las coyunturas y la médula [de las partes más profundas de nuestra naturaleza], exponiendo y tamizando y analizando y evaluando los pensamientos y propósitos del corazón."

Esto me hizo ver Sus Palabras como "tratamiento", poderoso y viviente, entrando en mí, andando por mi sistema, y persiguiendo células enemigas que trataban de acabarme. Me gustaba en especial la parte donde menciona que la palabra de Dios es "más cortante que cualquier espada de dos filos" porque pensé en ella como si fuera aún más preciso que el bisturí de un cirujano.

Las Escrituras dicen que Dios no es solamente Amor, sino también es Luz y Vida. Yo podía imaginar Su Palabra entrando en mí como un láser, quitándome las células peligrosas. Estaba muy emocionada porque el aplicar estos principios de como Su poder actúa en nosotros, significaba que tenía el recurso a lo que decían los médicos, y a lo que los rayos X mostraron, prueba tras prueba. *Y yo sabía que no estaba limitada solo a lo que estaba a mi disposición médicamente. También tenía un poderoso "informe de sanación" al cual aferrarme atravez de La Palabra de Dios.*

Podría mantenerme en el poder de *Su* informe y al mismo tiempo confiar en que Él bendecirá a mi favor cualquier ayuda que la ciencia médica pudiera ofrecer. *TODO* el poder que pudiera causar que una cosa buena pasara, pertenece a *Él*. Si llenara mi mente, corazón, y boca con la Palabra *de Dios*, entonces podría estar segura de que mis palabras hablarían de la vida como Él lo define. Eso es el ámbito de la fé en el cual Su poder y bondad pueden aparecer, en lugar de uno que habla palabras llenas de duda, miedo, derrota, enfermedad, o impotencia.

Mientras tanto, lo que Mi Padre Celestial dijo acerca de la enfermedad y curación en Su Palabra fue muy claro, así que sabía lo que Su voluntad era porque *Su Palabra y Su voluntad son la misma.*

¡Cuando el miedo trata de apoderarse de nosotros, las palabras y promesas de Dios se levantarán y pelearán por nosotros si las hemos guardado en nuestros corazones!

¡He aprendido que el tiempo más sensato para acostumbrarse a meditar en los versos de sanación es cuando no los necesitamos! Es como asegurarme de que mi almacén está lleno. Al menos, al formar esta costumbre aumentamos nuestra fé y obtenemos un sentido de la provisión cariñosa de Dios como accesible y disponible. Tal vez podamos convertirnos en fuente de aliento para otros. Si un maremoto personal llegara a golpear, nuestra almacén estará lleno, preparado para la tormenta, y sabremos que hacer y como tomar una posición. ¡Cuando el miedo trate de apoderarse de nosotros, las palabras y promesas de Dios se levantarán y pelearán por nosotros si las hemos guardado en nuestros corazones!

Eso es lo que me pasó. Siempre había creído yo en esta idea, porque La Escritura dice en Isaías que Dios levanta Su estandarte para pelear contra el enemigo – era asombroso descubrir que *sí* ocurrió, y que Su estandarte (Su Palabra) saltó en acción cuando el informe espantoso llegó a *mi* casa. ¡Sabía yo a causa de la Palabra de Dios que no tenía que firmar "el talonario del recibo" y aceptar la enfermedad!

Contestar en Fé Cuando La Gente Preguntara Por Mí

Tuve cuidado sobre a quién hablé con respeto al diagnóstico de los médicos. Me protegí usando el arsenal de la Palabra de Dios. Estaba en una guerra - una guerra que no podía permitirme el lujo de perder.

Muchas personas expresaban sus preocupaciones, pidiendo los resultados más recientes de todas las pruebas. La pregunta que oía con frecuencia era, "¿Bueno, qué dice *el doctor*?" Yo contestaba, "El doctor es de la opinión de que la mala palabra 'c' está creciendo dentro de mi cuerpo, pero me aferro a una palabra diferente y esa Palabra es Jesucristo, mi Salvador y mi Curador. Me aferro al informe de Dios y Su promesa que 'Por Su llaga fuimos nosotros curados' y 'Envió Su Palabra y me curó'." (Isaías 53:5 y Salmos 107:20)

Yo estaba muy consciente de cómo les respondí porque quería honrar al Señor lo más posible y mantener mis palabras en línea con Sus Palabras. La gente me dijo que el oírme hablar y responder así influyó la manera en la que ellos oraron por mí. Dijeron que les ayudó a tomar una posición conmigo para la curación y les dio algo con lo que podrían llegar a un acuerdo. Dijeron que les recordó mantener su atención en lo que Las Escrituras decían, lo mismo que yo, en vez de gastar energía preocupándose sobre el informe del doctor. Claro, tomó coraje el responderles de esa manera, pero yo no quería ningún tipo de duplicidad en mi pensamiento o en mi habla. ¡Yo quería estar tan centrada como un rayo láser!

Mis amigos dijeron que les ayudó a entender que no me limitaba a lo que estaba sucediendo en mi cuerpo ni a lo que dijeron los médicos. Dijeron que les dió el coraje para creer que tal vez Cristo *realmente* era más grande que un informe de cáncer. Yo quería que se oraran ese tipo de oraciones oraciones por mí, en lugar de lo que llamo "oraciones de preocupación", que, aunque bien intencionadas y cuidadosas, también puede estar llenas de temor y duda.

No es Negación, sino Aferrarse a Dios

Las Escrituras dicen que Dios es Luz y Su Palabra es Luz. Según Hebreos 4:12 (más profundo en la versión Amplificada) ¡La Palabra de Dios será como un láser finamente calibrado que se utiliza en una cirugía compleja!

Podemos confiar en que Su Palabra trabajará en nosotros a pesar del informe de un médico. ¡Confié en la palabra de Dios durante ese período de tres meses antes de la cirugía – Febrero 23 a Mayo 3 -- aunque los informes de los oncólogos, varios especialistas, y rayos-x tras rayos-x todos dijeron "cáncer" y "sacar el riñón"! Esto no significaba que yo estaba en negación. Sino, yo estaba eligiendo en dónde iba a anclar mi corazón, mis pensamientos, y mi confianza (fé), para que yo personalmente pudiera recibir y producir Su Palabra en mi vida, en mi área particular de necesidad.

"Mente sobre Materia" versus Alcanzar a Dios

Para aquellos que lean esto, que crean en el concepto de la mente sobre la materia, yo *nunca* trataría de confrontar el cáncer o cualquier otra enfermedad con sólo la idea de mente sobre la materia, el pensamiento positivo, o intentos los "diálogos internos" positivos. ¡El cáncer convierte las células del cuerpo de las personas en contra de ellos! Sería muy opstimista el pensar que podríamos hablar de los problemas de salud hasta que desaparezcan, pero sin duda las estadísticas dicen lo contrario. Yo sabía que esta enfermedad no se iría por mi voluntad. Por lo tanto, llevaba mi necesidad y confiaba en el poder de (Dios, mi Sanador) para combatir el diagnóstico, golpeándolo duro con la autoridad de Su Palabra.

A veces la negación puede ser otra manera de ver la idea de la mente-sobre-la materia. No jugué el juego, de engañarme tratando de negar lo que estaba pasando en mi cuerpo y llamándolo un "acto de fé", o ser positiva. La negación es negación.

Yo **no** iba por ahí diciendo, "No estoy enferma, no tengo un tumor; no estoy enferma, no tengo un tumor" como un perico, tratando de *desearme o tener suficientes pensamientos positivos*, y de que los hechos médicos desaparecerían. ¡Eso habría sido una tontería!

No traté de convencerme de que los médicos estaban equivocados o de que los rayos-x no eran reales. Me paré al lado de cada oncólogo y especialista, pidiéndoles que me enseñaran a entender mis propios rayos-x mientras hablábamos. Los hechos médicos eran *muy* reales.

No confiaba en mí misma o mi propia fuerza de voluntad o el poder del pensamiento positivo en todo. Eso *no* es lo que estaba haciendo. Sabía Quien era mi Fuente de Esperanza y Poder. Sé que Cristo es la Palabra

"C" por los siglos, y que Él es mi Fuente. ¡Me imaginaba que Él curaba en aquellos tiempos, Él curaría ahora, y Él me curaría a *Mí*!

Cuando estaba confiando en Jesús para la curación en vez de los informes de los especialistas, a veces leía las Escrituras en voz alta. No me importaba si me sentía tonta o extraña – gritaba en oración a Jesús, "¡Hijo de David, ten misericordia de mí!" porque quería hacer y copiar lo que vi en la Palabra de Dios. Quería que Su compasión se moviera en mí para recibir la curación en mi cuerpo.

Quería que Jesús cambiara mis circunstancias así como lo hizo para los que Él sanó en la Biblia. ¡Con la fé de una niña y audacia, imité lo que vi que *ellos* hacían, y esa gente con frecuencia gritaba a Jesús en voz alta, gritando a Él por Su misericordia!

Yo me figuraba que Él curó en aquellos tiempos, Él curaría ahora, ¡y Él me curaría a MÍ!

Porque mi necesidad estaba escondida en un órgano interno donde no podía ver si algo ocurría o no, daría gracias a Dios por tener compasión y por cumplir con Sí Mismo con respecto a mí, aunque sintiera algo o no. Declararía en voz alta que Él era igual ayer, hoy y para siempre, y que Él era mi Sanador (Hebreos 13:8, NIV).

Gritaba según Isaías 53:1-5 que Él cumplió esa profecía y fui curada por Su llaga, así dicen las Escrituras. Yo le diría a Dios que yo era una de los que *sí* creían en Su informe, puesto que Él preguntaba en los versos si alguien creía. ¡Decidí que yo era una de aquellos que creían con tenacidad!

Tuve que gritar para que mi fé fuera más fuerte dentro de mí que la tormenta.

Fijado Como Pedernal, No De Doble Ánimo

DURANTE MI BUSQUEDA PARA LA SANACIÓN me estiraba para aprender a hacer cualquier cosa que hicieron aquellos en la Biblia… ¡Gritar alabanza, gritar la Palabra de Dios a mi misma, gritando el Nombre de Jesús como mi fuente no era normal para mí! Pero estaba en un tiempo de tormenta y necesitaba gritar el miedo fuera de mí: tuve que gritar para que *la fé estuviera más fuerte dentro de mí que la tormenta.*

Puedo decir francamente que durante los días y las semanas que siguieron después del diagnóstico inicial, la mayoría del tiempo hubo una paz verdadera que se quedó conmigo y tal vez aumentó. Esta paz me llevó diariamente, hora-por-hora, y sólo de vez en cuando tuve la experiencia momentánea de pánico o miedo. El resto del tiempo tuve mucha paz. Fue el resultado de estar tan centrada en Cristo y la abundancia de los versos de curación. Ahora que lo pienso, cuando la poca gente que sabía de las circunstancias decía, "O, estas pasando por tantas cosas ahora," casi me sentía retirada de la situación. Claro, nunca me habría ofrecido como voluntaria para el viaje en que yo estaba, pero toda la meditación en las Escrituras que yo estaba haciendo tuvo un efecto secundario, pero maravilloso – me causó el estar en la presencia de Dios tanto que me llenaba de paz y alegría. Estaba experimentando el cumplimiento tangible de los dos versos que dicen "...la alegría del Señor es vuestra fortaleza" (Nehemías 8:10) y también "Plenitud de gozo hay con Tu presencia" (Salmos 16:11) conforme yo vivía el viaje en que me encontraba.

La fecha para la cirugía fue el tres de Mayo. Conforme pasaba cada semana, mientras esperaba la llegada de ese día, continuaba en poner juntos mi corazón y palabras con Su Palabra, asegurándome de no tener duplicidad de pensamiento o espíritu. Santiago 1:5-7 explica que una persona que es de doble ánimo no puede recibir nada del Señor. Leía "religiosamente" ese verso y malentendía lo que se decía. *Por error supuse* que significaba que Dios, de alguna manera, se retendría de una persona que es de doble ánimo, o aún peor – la castigaba, porque no pensaba correcto o no creía en Su voluntad (recuerde que Su Voluntad nunca contradice Su Palabra. Su Voluntad y Su Palabra son lo mismo). Las Escrituras dicen que *aquella* persona no puede *recibir* nada del Señor. ¡No es que Dios se retenga, sino que el "recibidor" del individuo es frustrado! ¡Una vez que lo vi, me sentí tan aliviada de entender que Él no se iba a retener de mí!

Las Escrituras dicen que la persona de doble ánimo no puede recibir de Dios. ¡No es que Él retenga, sino que el "recibidor" del individuo es frustrado!

Una imagen viene en mente que espero que sea útil. Piense en un botón de una radio. El botón de la radio tiene que estar exactamente centrado en la señal con el fin de recibir lo que ofrece la estación de la radio. Si el botón se encuentra entre dos estaciones o está fuera de foco, el resultado será estática, y no se recibirá la gran música ni los programas de cualquier tipo. La red de radiodifusión no está reteniendo algo de la persona que posee la radio, más bien, ¡la persona que posee la radio no tiene centrado el botón! Sería ridículo si dijéramos: "Bueno, ha de ser la voluntad del programador que no pueda escuchar la música de hoy," sobre nuestra estación de radio local.

Cuando recibí las noticias de los doctores en Febrero, decidí declarar las noticias de Dios (Sus versos de sanación y promesas), y Su Palabra de Vida sobre mí situación, y sobre mí cuerpo. Confíaba en que Él cuidaría de Su propia Palabra y no regresaría vacía, pero produciría su fruta buena y sus intenciones buenas, así como dice en Isaías 55:9-13. **Esto me dio un "que hacer" y también un "en vez de" para practicar en vez de preocuparme. Sintonizando en Su Palabra, estaba ajustando el selector y centrándolo en la estación de Dios.** En estos versos que he referenciado, es claro que Dios está invitándonos a venir a Él para recibir Su ayuda, y Él cuida de Su Palabra y hace que se cumpla por dondequiera que la envíe. Yo confíaba en Sus promesas y Él era El Todopoderoso fiel Quien cuidaría de Su Palabra por Su amor por mí.

DECIDÍ SER COMO UNA FLECHA. ¡Las flechas disparadas por un arco van comprometidas! Yo estaba "fijada como pedernal" en creer en el informe del Señor (las promesas de curación), en vez del informe de los doctores. A causa de lo que dice en Romanos 10:17 "la fé es por el oír... la Palabra", sabía que entre más me saturara con el informe de Dios (La Palabra), más crecería mi fé. En Isaías 53:5 el informe de Dios dice, "por Su llaga, fuimos nosotros curados," refiriendo a la paliza que sufrió Jesús antes de ir a la cruz. Salmos 103:1-5 me recuerda no olvidar todo los beneficios de Dios. Si usted los enumera, es una gran lista: "¡Bendice, alma mía, a Jehová; y bendigan todas mis entrañas, Su Santo Nombre! Bendice, alma mía, a Jehová, y no olvides ninguno de Sus Beneficios:

Él es quien perdona todas tus iniquidades,
Él que sana todas tus dolencias,
Él que rescata del hoyo tu vida,
Él que te corona de favores y misericordias
Él que sacia bien tu boca, para que te rejuvenezcas como el águila."

¡Esperanza llena de fé es terreno fértil para los milagros y respuestas a la oración!

Sabía que "Bendice a Jehová" significaba que debemos acercarnos a Él con apreció y alabanza por quien Él es. **Podía abrir la boca y hacer eso, aún si me daba la gana o no, incluso a través de las lágrimas.** Me gustó qué clara y fácil de entender era la lista de los beneficios de Dios. *Me enseñó a no olvidarme de Sus beneficios, porque me haría un gran bien el recordarlos.* Me dio algo muy saludable en lo que pude construir mi fé y tener un sentido de esperanza. ¡La esperanza llena de fé es un terreno fértil para los milagros y respuestas a la oración!

Me gusto mucho el tercer verso del Salmo 103 porque dice, "Él que sana todas las dolencias." La última vez que busqué la palabra *"TODO"* en el diccionario, significa exactamente eso: *TODO. ¡No hay excepciones!* Me sentí alentada por eso. Así que a pesar de eso, tenía recurso.

Referencias de Las Escrituras - Capítulo 2

Santiago 5:14   ...ungiéndole con aceite
Santiago 5:16   ...confesáos vuestras faltas
Santiago 5:15   ...los pecados serán perdonados
Isaías 53:5   ...curado por Su llaga
Éxodo 15:26b   ...Él es el Señor Dios quien nos cura
Mateo 12:36, 37...juzgados por nuestras palabras malas
I Juan 1:9   Dios es fiel a perdonarnos y limpiarnos
I Juan 1:8   ...no niega ser un pecador
Isaías 26:3   ...paz completa...fijado en Dios...
Isaías 9:6   ...un Niño ha nacido...Dios Fuerte...
Mateo 1:23...y llamarás Su nombre Jesús...
Mateo w 12:34...del corazón habla la boca...
Santiago 1:6, 7   ...no dudando nada...que no recibirá
Josué 1:6-9   no permita que Su Palabra salga de la boca
Deut. 6:1-9   recordando que Su Palabra hace buen éxito
Isaías 53:5   ...curado por Su llaga....
Salmos 107:20   ...envió Su Palabra y los curó...
Hebreos 4:12   La Palabra de Dios es viva y poderosa...
Hebreos 13:8   Jesús: el mismo ayer, hoy, siempre...
Isaías 53:1-5...Lo que Dios cumplió por el Mesías
Nehemía 8:10... la alegría del Señor es vuestra fortaleza
Salmos 16:11   ...En Su Presencia es la alegría completa
Isaías 55: 9-13   ...así será Mi palabra...será prosperada
Romanos 10:17...La Fé viene por oír...La Palabra...
Salmos 103:1-5... Bendiga al Señor...

*   *   *

CAPÍTULO 3

Pruebas, Pruebas, y Más Pruebas

En el día que temo, Yo en Ti confío
Salmos 56:3 (KJV)

En LAS SEMANAS SIGUIENTES A LO LARGO DE Marzo y Abril, pasé por un gran número de pruebas. Cada prueba me enseñó más y más sobre lo que pasaba en mi cuerpo (lo que permitió ideas adicionales para las oraciones centradas).

Dos meses antes del comienzo de todo esto, mi carrera maravillosa de catorce años con Toyota terminó, debido a los recortes de personal en el departamento. Eso había sido una experiencia muy triste para mí. Después de perder mi posición, decidí hacer el trabajo de media jornada por unos pocos meses antes de empezar la tarea de entrevistar para otro trabajo administrativo de alta potencia.

Pude ver que aún perdiendo mi trabajo era parte de la

provisión para mí, porque mis exámenes médicos estaban tomando tanto tiempo que habría sido un problema para mi carrera. Aún tenía buena cobertura médica por todo un año, lo que cubrió los gastos de todas las pruebas que tenía, así como la cirugía inminente. Trabajando de media jornada me liberó para asistir a todas las citas, y también me dio más tiempo para estar en casa a solas durante el día para estudiar, orar, y reflexionar sobre las Escrituras de sanación mientras "peleaba la buena pelea de fe." Pude ver el cuidado de Dios aún en estos detalles. Santiago 5:16 tenía más significado que nunca: "...la oración del justo, obrando eficazmente, puede mucho." Me di cuenta de que desarrollé una mayor conciencia a causa de pasar tanto tiempo en las Escrituras. No dejaron lugar para que el miedo tomara posición en mi pensamiento.

Un Comentario Insensitivo Durante un Ultrasonido

Mientras me hacían un exámen de ultrasonido en el riñon izquierdo, recibí una lección acerca de cómo "guardar mi corazón con toda diligencia" como dice en Proverbios 4:23 (la Versión Amplificada es muy poderosa en su traducción). Todo el mundo en el hospital era agradable conmigo cada vez que me iba a tomar las pruebas, pero ese día alguien hizo un comentario muy insensitivo que ofreció una oportunidad para hacerme enojar y desanimarme mucho.

Mientras exploraba mi cuerpo con la varita de ultrasonido, la técnica dijo, "No veo nada. No puedo encontrar nada. ¿Por qué estás aquí?"

Francamente, cuando oí eso, mi corazón saltó un

poquito. ¡Me preguntaba si ya había recibido un milagro y la masa ya había desaparecido! La esperanza se elevaba en mi corazón. Le dije a la técnica que habían descubierto una masa en mi riñón izquierdo y por lo tanto el especialista me había mandado aquí para que me hicieran un ultrasonido.

La técnica presionó un poco más duro con la varita en el área del riñón, pero vio nada inusual en la pantalla.

La técnica llamó al jefe, "¿Me ayudas? Yo no encuentro nada."

Me quedé esperando con cierto recelo, llena de esperanza. En ese momento uno dijo al otro, "¡Oooooh, aquí está! O, wow, ummm, sí, puedo ver porque el doctor la mandó aquí. Mira por allá, eso es cáncer, estoy segura. ¡Qué *grandísimo!* ...qué lástima"...dijo suavemente, por fin.

MI CORAZÓN SE ESTRELLÓ DENTRO DE MÍ. ¡No puedo creer lo que oí! Aunque todos los médicos ya me habían dicho eso, este comentario insensitivo fue un golpe para mí. Me hablaban como sí yo no estuviera en la sala, como sí yo no tuviera ningún sentimiento, y como sí yo fuera un caso perdido. ¿No se daban cuenta de que había una *persona* conectada a la masa que estaban estudiando en el ultrasonido?

Disensión se ofrecía de nuevo, no directamente en un argumento, pero ésta vez de incógnito a través de algo que un técnico dijo en el laboratorio de ultrasonido. Decidí no dejar que esas palabras, ni el temor que les acompaña, me molesten. Yo tenía que guardar mi corazón contra esa negatividad, el sentirme herida, o el volverme amargada.

¡Yo estaba cada vez más consciente de como la lucha podía ser insidiosa, y ésta vez no me dejaría caer por ello! Afortunadamente, ésta vez fue lo único que algo así ocurrió.

Se disfrazaba en "traje diferente" – un comentario descuidado que trajo dolor y desaliento – pero había aquella disensión otra vez, buscando entrada a mí corazón.

Después de oír los comentarios de la técnica, en cierto modo me apagué y tuve toda sensación de entumecimiento de nuevo mientras me vestía. Caminé a mí carro, y antes de poner la llave en el contacto, me puse a llorar a lágrima viva. Yo sabía que tenía que dejar de lado ese dolor y rabia y perdonar a la técnica por su comentario insensible. La falta de perdón es peligrosa; ¡con seguridad, no quería que entrara en mi corazón ahora que confiaba en Dios para la curación! Lo último que necesitaba era que alguna raíz de amargura se agarrara dentro de mí. Se había presentado disfrazada en un traje diferente, pero había aquella disensión de nuevo, buscando entrada a mí corazón. ¿Me lo tragaría esta vez? ¡NO! Aprendía a ser más consciente todo el tiempo.

POR SUPUESTO QUE TUVE ALGUNAS LÁGRIMAS ESE DIA mientras conducía a casa. Hubiera sido fácil llamar a una amiga y repetir lo que había sucedido durante la cita, la expresión de lo que había dicho mientras estaba acostada en la mesa. Pero eso hubiera alimentado el conflicto, como regar una raíz que trataba de conseguir una llave de presa en mí. *No iba a dejar que eso sucediera.*

¡Sabía exactamente con Quién era apropiado desahogarme, porque definitivamente necesitaba hablar sobre esto! En camino a casa lloré como niña y denuncié a Dios sobre lo que había dicho la técnica durante la cita.

Yo exclamé, "Padre Celestial, lo que dijo me dolió y me hizo sentir miedo. Me sentía como un pedazo de carne patética cuando hizo esos comentarios. NO recibo lo que dijo sobre la masa. Confío en TI como mi Sanador, y esa mala palabra 'c" no es parte de mí en absoluto herencia en Cristo. Tú me dices en el primer capítulo de Efesios que he heredado toda bendición espiritual en los cielos por Jesucristo. *¡Tú no le das a la gente en los cielos enfermedades ni cáncer!*

"Sus palabras me golpearon, Señor. Te doy sus palabras a tí, y las pongo bajo el poder del Nombre de Jesús, como dice en II Corintios 10:4, 5. Confío en que Tú protegerás mi corazón de las palabras malas para que no me peguen en la cabeza. No puedo permitirme el lujo de recibir cualquier tipo de desánimo.

"Está escrito en Isaías 54:17 (NASB) que 'Ninguna arma formada contra de tí prosperará', y en Los Proverbios 26:2 dice '...una maldición sin causa nunca vendrá', por lo tanto las palabras de la técnica no tienen la vida y no pueden producir nada en contra de mí. Ayúdame a perdonar su falta de sensibilidad, Señor, porque estoy tan enojada y dañada ahora y me siento como podría gritar. Ayúdame a soltar esto. Jesús, lo pongo a Tus pies." Yo estaba muy agitada, porque no me es fácil perdonar cuando me lastiman, así que de verdad sabía que necesitaba la ayuda de Dios.

Aún cuando eché afuera mi frustración, me aseguré de que mis palabras estaban llenas de La Palabra de Dios, Su Palabra de Vida, y me abstuve de insultos, ¡lo cual sin duda me cruzó la mente! Cuando llegué a casa, abrí mi Biblia, y "tomé mi medicina" al leer todas Las Escrituras de sanación en voz alta a mi misma.

Algunas personas podrían pensar que fui por la borda al leer los versos de curación tantas veces como lo hice, ¡pero no sé de ninguna otra cosa que hubiera sido mejor o más productivo al oír que tenía cáncer e iba a perder un órgano vital! Numerosas llamadas telefónicas a mis amigos para expresar temor o preocupación no me habrían ayudado a ser fuerte o valiente. Escogí lo más saludable que sabía hacer. La opción que escogí, una y otra vez, era llenarme de las palabras de vida para edificar mi fé.

La opción que escogí, una y otra vez, era a llenarme de las palabras de vida para edificar mi fé.

¡Yo quería un arsenal completo para una lucha contra el ataque del enemigo que me estaba atacando, y sabía que mi mejor aliado era Dios! Yo no estaba dispuesta a ser pasiva o aún a la defensiva. ¡No, tomaba la *ofensiva* con Su Palabra! Escogía creer literalmente lo que dice en Los Proverbios 4:20-22 (AMP). Tomaba esos versos como medicina de sanación de Dios para combatir esa masa dentro de mí.

Personalicé los versos mientras los leía en voz alta a mí misma: "Mi hijo (hija Jackie), presta atención a mis palabras; acepta y sométete a mis palabras. No permitas que se aparten de tu vista; manténlas en el centro de tu corazón. Porque son vida a los (para mí, Jackie) que las hallan, *curación y la salud en todo su cuerpo* (en cada parte de mi cuerpo). Manten y guarda tu corazón con toda vigilancia y sobre todo lo que guardas, porque de él mana la vida."

Para mí, esos versos no eran religiosos o de difícil comprensión, sino que *¡eran simplemente prácticos!* Me dijeron la manera de aplicar la Palabra de Dios y lo que podía esperar como resultado. Su Palabra es como medicina para el cuerpo, no sólo limitado al alma (mente, voluntad, y emociones) o el espíritu. ¡Para mí era el tratamiento anti-cáncer de Dios!

¡Para mí, los versos de curación no eran religiosos o de difícil comprensión, sino que eran simplemente prácticos!
Me dijeron la manera de aplicar la Palabra de Dios y lo que podía esperar como resultado.

Cómo Manejé Mis Emociones

LAS DOCE SEMANAS DE ESPERA antes de la cirugía, junto con los desalentadores rayos x, me molestaban a veces y sin duda me hacían llorar un poco ocasionalmente. Yo estaba cansada de oír que cada

55

prueba indicaba cáncer. ¡No quería perder el riñón! No quería una gran cicatriz envolviéndose alrededor de la mitad de mi torso. No quería tener que pasar por quimioterapia.

Hablé con Dios sobre mis sentimientos: "Padre, necesito dejar que fluyan las lágrimas ahora mismo para aliviar la presión. Sé que TÚ me amas; sé que TÚ eres bueno. Sé que TÚ eres poderoso, sé que TÚ eres TODO poderoso, no 'Algo' Poderoso! Sé que Tu Palabra queda para siempre porque Isaías 40:8 (AMP) me lo dice así y *Tú* eres mi Roca. En Marcos 13:31, Jesús dijo, 'El cielo y la tierra pasarán, pero Mis Palabras no pasarán', así que sé que TÚ eres la Respuesta, y toda Su provisión para mí está *en* Cristo. Sé que sólo necesito ser Tu niñita en este momento y llorar."

Me concentré en lo que Su Palabra me dice, en vez de mis emociones. A pesar de las lágrimas y el sentimiento de miedo, me aseguré de que mi boca proclamara a Dios como mi fuente. Dije, "sé" en cada frase porque yo estaba estableciendo entre Él y yo que sé estas cosas a cerca de Él. No me imagino, *sé*. Dios dice que debemos recordar el centrarnos en Sus beneficios (Salmos 103:1-5), y eso hice en oración cada vez que yo necesitaba.

Me centré en lo que Su Palabra me dice, en vez de mis emociones. A pesar de las lágrimas y el sentimiento de miedo, me aseguré de que mi boca proclamara a Dios como mi fuente.

Yo **ORABA LA PALABRA**, en lugar de orar por lo

asustada que estaba. Ya sabía yo que estaba muy asustada. ¡Repetir eso a Dios no edificaba la fé en mí! *Necesitaba la fé y la confianza, no la repetición del miedo.*

¡Oraba por las soluciones, en lugar de los problemas!

Mis oraciones no estaban basadas en el miedo ni en 'las esperanzas', sino estaban basadas en promesas y *en pactos.* Yo literalmente oraba <u>Las Palabras de Dios</u> sobre mí misma. Así fue como sabía que oraba Su voluntad. La Palabra de Dios y Su voluntad son lo mismo. Jesús dijo que Él y el Padre son uno, y Juan 1:1 nos dice que "En el principio era el Verbo, el Verbo era con Dios, y *el Verbo era Dios.*" Luego Juan 1:14 nos dice "El Verbo fue hecho carne y habitó entre nosotros." Jesús y su Palabra son uno. Dios y Su Palabra son uno.

Yo ORABA LA PALABRA, en lugar de orar por lo asustada que estaba. Ya sabía yo que estaba muy asustada. ¡Repetir eso a Dios no edificaba la fé en mi! necesitaba la fe y la confianza, no la repetición del miedo.

¡Los procedimientos médicos a veces, me hicieron sentir incómoda y asustada, por eso me recordaba a mi misma que el miedo no era una opción! II Timoteo 1:7 (AMP) me dice que, "Porque no nos ha dado Dios un espíritu del miedo, sino el de fortaleza, y de amor y de templanza." También me recordaba a mi misma de que Dios promete que nunca me dejará ni me desamparará (Hebreos 13:5). En Isaías 43:2 (KJV), Él nos asegura y dice que, "Cuando pasares por las aguas, no te anegarás, y cuando pasares por el fuego, no te quemarás." Esas son promesas poderosas. Esto nos dice que a pesar de las circunstancias o condiciones que normalmente nos abruman, si nos mantenemos constantemente concentrado en Él, vamos a ver Su poder y saber Su Presencia.

Yo ataba mi corazón a una promesa que tratara mi asunto; hacer esto protegería mi mente, me daría paz, y ayudaría a mi cuerpo entero a responder mejor al tratamiento porque yo estaría en paz. Era otra *promesa en acción:* "Tú guardarás en paz perfecta a aquel cuyo pensamiento en ti persevera" (Isaías 26:3 KJV). Algunas veces una enfermera me dió un apretón de mano, o me puso una mano amable en el brazo para tranquilizarme. Ese toque fue enviado por el cielo. Si estás leyendo esto y estás en la profesión médica, una palabra amable y un toque humano son enormes en estos momentos para una persona asustada que tiene que tomar pruebas. Cuando una enfermera o técnico llega a alguien así, son realmente utilizados por Dios como embajadores de Su bondad y comodidad. ¡Son como los ángeles!

Ataría mi corazón a una promesa que tratara mi asunto; hacer esto protegería mi mente, me daría la paz, y ayudaría mi cuerpo entero responder mejor al tratamiento, porque yo estaría en paz.

TUVE QUE ESPERAR SIETE SEMANAS para llegar a ver al especialista con el que quería reunirme para esa "tercera opinión" que buscaba…esto era un montón de tiempo para esperar...y mantener a la distancia la ansiedad. ¡Quería que alguien me dijera lo que quería oír – que no era cáncer! Quería que los doctores y técnicos cambiaran de opinión y dejaran de decirme que estaban 99.9% seguros que la masa en mi riñón era cáncer (veían cáncer todos lo días para ganarse la vida y mis radiografías escribían "cáncer" por todos lados). ¡Quería que alguien me dijera algo que me diera la esperanza!

Tuve que hacerle frente –no iba a conseguir "la palabra buena" del lado médico en todo esto. Las explicaciones de porque el riñón tenía que ser extirpado eran lógicas; habría sido muy fácil recibir estas conclusiones en mi espíritu. Si lo hubiera hecho, mi corazón no habría sido "tierra buena" para que la Palabra de Dios crecíera, y produjera repuestas a mis plegarias. Podría haber cambiado mi enfoque para comenzar a creer que no había "triunfo" en mi situación - que tenían razón, y que tendría que perder mi riñón. ¡Ningún milagro puede ocurrir con ese tipo de pensamiento!

¡Las radiografías podrían haber cambiado mi enfoque para comenzar a creer que no había "triunfo" en mi situación - que tenían razón, y que tendría que perder mi riñón, pero ningún milagro puede ocurrir con ese tipo de pensamiento!

Las Células Rebeldes

Dios no se siente abrumado por los informes de los médicos. Él es el Dios que puede cambiar el ADN de las células. Durante mi viaje, meditaba en las Escrituras que confirmaron Su poder y "grandeza". Me ayudó a mantener la concentración durante las pruebas en el hospital. Pensé en lo que me dicen sobre Jesús en los versos en Filipenses 2:9-11 (NASB): "Por lo cual Dios también le ensalzó a lo sumo, y le dió un nombre que es sobre todo nombre, para que en el nombre de Jesús se doble toda rodilla, de los que están en los cielos, y en la tierra, y debajo de la tierra, y que toda lengua confiese que Jesucristo es el Señor, a la gloria de Dios Padre."

¡Me di cuenta de que <u>cáncer</u> es un *nombre*! ¡Así que me dije a mi misma que esa palabra "c" tendría que doblar la rodilla a LA Palabra "C", que es Cristo! Esa comprensión me ayudó mucho. El nombre de Jesús es muy elevado y es *EL* Nombre que es sobre todo nombre. Me vino una imagen visual del cáncer, doblando la rodilla al poder y Señorío de Jesucristo. También me dio una imagen visual de Su Nombre entrando en mi cuerpo como 'pacman' de los juegos de video - buscando y tragándose las células cancerosas en cualquier lugar que pudieran estar en el riñón o en otra parte.

¡Me di cuenta de que el cáncer es un nombre! ¡Así que me dije a mi misma que esa palabra "c" tendría que doblar la rodilla a LA palabra "C", que es Cristo!

Un día después de venir a casa, después de tomar más pruebas, yo estaba luchando y llorando por todo. En busca de Su ayuda, pregunté al Señor, *"¿QUÉ ES EL CÁNCER PARA TÍ?"* Tan pronto como había terminado esa pregunta me sorprendió con una respuesta tan rápida como un rayo, y me llamó la atención también por el tono de la respuesta. Recibí una repuesta, pero era claramente como si fuera algo muy inferior, como si fuera nada especial. La respuesta que llegó tan rápida de vuelta a mi corazón me sorprendió porque tenía el tono de desprecio.

Su respuesta era, *"Células rebeldes."*

¡CÉLULAS REBELDES! ¡Por supuesto! Desde la perspectiva de Dios, el cáncer no era espantoso... eran células rebeldes - células que crecían locamente por si mismas, fuera de Su plan. Eran células rebeldes que no seguían a su diseño de replicación, si estaban en el riñón, el hígado, la sangre, el cerebro, no importaba. El cáncer era células rebelándose contra Su diseño perfecto y ordenado.

De repente supe como acercármeles – no con miedo, sino viéndolas desde la perspectiva de Dios. Después de todo, cada y toda cosa que yo trataba de alcanzar *tenía* que ser con Su perspectiva. *La Curación era Su perspectiva*; por cierto, no era la de los doctores. Mi perspectiva era demasiado pequeña, demasiado limitada, demasiado abrumada por los informes médicos que recibía, y la perspectiva del doctor era abrirme y quitarme un órgano. La perspectiva de Dios era la que quería yo, y tenía que tener como mi fuente.

El cáncer eran células rebelándose contra Su diseño perfecto y ordenado.

Basado en lo que La Palabra de Dios me dice, debo imitar a Jesús y hablarle a estas células rebeldes. Cáncer sonaba espantoso, pero células rebeldes me hacía enojar aún más. ¡Apropiadamente enojada, enojada con justicia, "yo-pertenezco-a-Dios" enojada! Podría copiar lo que Jesús nos dice hacer en Marcos 11:23 y podría "hablar a la montaña y pedirle que se mueva por sí misma."

En mi situación, la "montaña" era el cáncer. *¡Si tuviera los nervios y audacia de **copiar y obedecer a Jesús** y **HACER lo que Él me dice que podría hacer**,* así podría ordenarle a estas células rebeldes que mueran en el Nombre de Jesús, y eso lo hice! (Jesús nos enseñó en Mateo 7:24-26 a ser <u>hacedores</u> de la Palabra, y no sólo oyentes, y esto está apoyado en Santiago 1:22-25).

Podría ordenarle a estas células rebeldes que mueran y que no se lleven ninguna célula de buena salud con ellas. ¡Podría decirles que mi cuerpo es el templo del Espíritu Santo, y no les esta permitido usar mi cuerpo como huésped en el que pueden crecer!

¡Yo podría ordenarles a estas células rebeldes que mueran y que no se lleven a ninguna célula de buena salud con ellas! ¡Podría decirles que mi cuerpo es el templo del Espíritu Santo, y así lo hice!

Referencias de Las Escrituras – Capítulo 3

Santiago 5:16b ... oración de un hombre justo vale...

Proverbios 4:23 guardar mi corazón con diligencia...

II Corintios 10:4, 5 todo pensamiento a la obediencia...

Isaías 54:17 Ninguna arma forjada contra mí...

Proverbios 26:2 Una maldición sin causa no se baje...

Proverbios 4:20-22 Palabra de Dios es Curación...

Isaías 40:8 Palabra de Dios pertenece para siempre...

Marcos 13:31 Las palabras de Jesús no pasarán...

Salmos 103:1-5...no olvides Sus beneficios...

Juan 1:1 ...el Verbo era con Dios....y era Dios

Juan 1:14...Verbo hizo carne y habitó entre nosotros...

II Timoteo 1:7 no nos ha dado miedo...sino poder...

Hebreos 13:5 Nunca te dejaré ni te abandonaré...

Isaías 43:2 en tiempos difíciles, Dios te ayudará...

Isaías 26:3 perfecta paz porque en Tí confía...

Filipenses 2:9-11 Nombre sobre todo nombre...

Marcos 11:23 diga a la montaña, no dudas en corazón...

Mateo 7:24-26 oiga y HAZ Sus enseñas...

Santiago 1:22-25 HAZ la palabra, no sólo la oiga

*   *   *

CAPÍTULO 4

Ayunar A Lo Largo Del Viaje

"Considera bien lo que estuviere delante de ti;
Y pon cuchillo á tu garganta
Si tienes gran apetito. "
Proverbios 23:1-2 (NKJV)

La fecha de la cirugía se acercaba muy rápidamente. Quería limpiar todo mi cuerpo internamente, así que ayuné algunas comidas. También recorté el derroche de mi día, siempre en busca de más tiempo para meditar en los versos de curación.

Dejé de consumir azúcar. De repente lo vi como enemigo de mi cuerpo. Mi conocimiento sobre la comida se había intensificado como resultado de lo que me enfrentaba. Por lo visto al cáncer le encanta el azúcar en el cuerpo, así que yo no quería dar a la mala palabra "c" cualquier cosa combustible. ¡Una amadora de chocolate y dulces, los cuales abundaban en la oficina casi diariamente, tenía que enseñarme a mi misma a redefinir ese tipo de comidas como "enemigo del riñón" y eso me ayudó a rechazarlas! ¡Tortas, pasteles y dulces eran el enemigo!

En el fondo, yo sabía tenía esa masa creciendo dentro de mí a causa de mis propios malos hábitos alimenticios. Por eso nunca dije, "¿Por qué yo, Dios? ¿Por qué me pasa esto a mi?"

¡A decir verdad, a lo largo de los veinte años antes, había comido bastante comida chatarra, especialmente chocolate, para destruir el riñón de un elefante y golpearlo en sus pistas! Quería tomar cuanta responsabilidad pudiera mientras confiaba en Dios como mi Sanador. Me enfrenté a la verdad de que mis hábitos alimenticios habían sido nada menos que el abuso del cuerpo en el cual había sido bendecida de vivir. Yo había sido muy negligente en el cuidado de el. ¡Yo fui bendecida con un cuerpo alto y atlético, que se veía bien por fuera, pero *yo había estado abusando el interior* hace años! Era necesario hacer algunos cambios en mi estilo de vida – Decidí comer más vegetales, añadir más pescado que pollo, menos carne de vaca, y beber más agua, agua, agua. ¡Mejor tarde que nunca!

Entré a la internet para leer artículos sobre los medios naturales para ayudar a limpiar los riñones y el hígado. Aprendí que un vaso de agua destilada con dos cucharas de aceite de oliva y un poco de jugo de limón antes de acostarse era una manera maravillosa de limpiar naturalmente estos órganos como el cuerpo entra en reposo y ayuno por la noche. Descubrí que limón fresco es un luchador natural contra las bacterias.

Aprendí que todos los alimentos púrpura (uvas y ciruelas, granadas, jugo de uva negra, moras, arándanos, etc.) son buenísimos para los riñones, el hígado, y la vesícula biliar. Estos alimentos purifican la sangre, que a su vez, refresca a esos órganos. Son alimentos naturales que limpian y curan, especialmente si son orgánicos.

También aprendí sobre la hierba de trigo y la bebí fresca cada día. Descubrí que Jamba Juice la lleva y la hace fresca a pedido. Aprendí que hay que tomarla sin naranja, porque los cítricos disminuyen la potencia natural de curación de la hierba de trigo. Todo lo que leí sobre esta me dijo que tenía enorme mérito como alimento curativo. Era otra fuente de vida, sanidad, *comida sabia* de mi Creador, y yo estaba decidida a hacer todo lo posible en cada nivel para atender a mi cuerpo.

Examiné cómo utilizaba mi tiempo. Al menos que algo fuera absolutamente necesario, lo dejaba de lado. Tuve que ir al trabajo, por supuesto, pero se quedaron en el camino la televisión, las revistas y llamadas de teléfono que no eran necesarias; todas estas cosas fueron puestas a un lado con un objetivo principal – pasar más tiempo en meditar La Palabra Curativa de Dios. El tipo de insumo que me permitía recibir a mí misma, me ayudaría a mantener mi espíritu tan claro como fuera posible.

Pensé en la gente que tenía que mantener un trabajo completo, además de tener una familia, y enfrentar el mismo tipo de prueba que enfrentaba yo. Me acordé de maneras en que ahorraba tiempo cuando todavía estaba criando a mis hijos, manteniendo una carrera completa y asistiendo a clases dos veces por semana para otro grado. Hice unas cintas para estudiar La Palabra de Dios y las escuchaba mientras manejaba en la autopista y hacía mandados. Lo mismo podría estar haciendo para meditar en los versos de curación. Hacer una cinta para leer todos los versos de curación y escucharlo es muy efectivo. ¡Tenemos la tendencia a estar distraídos por el sonido de nuestra voz y prestamos más atención!

Hay muchas formas creativas de hacer tiempo para que la Palabra de Dios nos fortalezca. Las Escrituras dicen que si lo buscamos diligentemente a Él con todo nuestro corazón, toda nuestra alma, y toda nuestra fuerza, Él nos permitirá encontrarlo, y Él nos *responder*á.

Tomé la actitud de una atleta que se ha enfocado en mantener un trabajo, pero también quiere prepararse para la Maratón de L.A. Hace muchos años una amiga mía llamada Lynette se desafió a correr la Maratón de L.A. Ella estudiaba lo que habría que hacer para prepararse y completar la carrera. ¡Observé por meses y me sorprendió su concentración y disciplina! Todos los días se despertaba a las cuatro de la madrugada para correr dos horas de entrenamiento antes de venir al trabajo. También corría tres horas de entrenamiento todas las noches después de llegar a casa, y se exigía a sí misma correr seis a ocho horas los dos días del fin de semana.

¡Su ejemplo me desafió! ¡Si ella podría hacer todo eso para prepararse por una maratón, sin duda podría dar mi tiempo a "pelear la Buena batalla de la fe" y profundizar en los versos de curación para sanarme de un informe de cáncer! No me desperté a las cuatro de la madrugada para leer las Escrituras como mi amiga hizo para correr y entrenar para la maratón, pero sí arreglé el uso de mi tiempo para perseguir *mi* prioridad. ***Nadie la llamó una fanática o extremista.*** Ella se centraba, apropiadamente, en alcanzar su meta.

El paralelo era claro para mí - estaba en un maratón de

otra clase y quería acercar el "día de carrera" (mi cirugía se acercaba el 3 de Mayo) y llegar al otro lado entera y sana, con los DOS riñones, a pesar de lo que todos los datos médicos indicaron que ocurría.

Lynette y yo hablamos sobre como se hizo entrenar a sí misma *si le daba la gana o no*. Ella habló sobre "chocar contra la pared" en estos últimos fines de semana en los que ella se hacía correr 20 millas sin descanso para prepararse para la carrera. Ella fue construyendo resistencia. Ella dijo que a veces cada paso la mofó y la burló con, "¿Por qué hago esto? ¿Estoy loca?" pero ella no escuchaba eso. ¡Ella seguía poniendo el ojo en el premio, para poder completar esa maratón el día de la carrera!

Para mí, todo lo que estaba haciendo era construir fortaleza de fé. Me dediqué a mi entrenador (Jesús y el Espíritu Santo) y Sus instrucciones (la Palabra de Dios) para que todo lo que estaba dentro de mí pudíera ser alineado para recibir la curación que Cristo ya había provisto para mí a través de la golpiza que tuvo que soportar antes de ir a la cruz.

Isaías 53:3-5 (AMP) explica, "Él (Jesús) fue despreciado y rechazado y abandonado por los hombres, un varón de dolores y penas, y familiarizado con sufrimiento y la enfermedad; y como uno ante quien se oculta el rostro. Él fue despreciado, y no apreciamos su valor ni tuvimos estima por Él. Ciertamente Él ha soportado nuestros dolores (enfermedades, debilidades, y angustias) y llevó nuestros dolores y penas [de castigo], sin embargo [por ignorancia] Lo consideramos golpeado, herido, y afligido por Dios [como si tuviera la lepra]. Pero Él fue herido por nuestras transgresiones, Él fue machucado por nuestra culpa y pecados; el castigo [necesario para obtener] la paz y bienestar para nosotros fue sobre Él, y con azotes [que Le hirió] fuimos sanados y hechos completos."

Mentalmente, cambié todos los versos que se referían a "nuestro" o "nosotros" a "mí" y "yo" y los recibí de manera deliberada y personal, usándolos como oración de las gracias. Leí estos versos en voz alta, centrándome poco a poco y cuidadosamente, pensando en cada línea como si estuviera en busca de oro. Eso es lo que significa "meditar" en las Escrituras...es *mucho más* que una lectura casual.

Fue como si Dios me hubiera dicho
"¡Esta obra de curación hice en mi Hijo cuando Él fue
golpeado por ti...es una cosa CIERTA!"

I Corintios 1:30 (KJV) dice, "...sois en Cristo Jesús, él cual nos ha sido hecho por Dios sabiduría...". ¡Dios está diciendo que *Cristo* se ha hecho a mí Su sabiduría! **Toda la sabiduría de Dios está EN Cristo –** *está empaquetado dentro de Él,* porque Él es la Palabra de Dios hecho carne, la Palabra en un "traje de la tierra" – y una parte de la sabiduría de Dios es la curación, **porque Él había provisto la curación para mí** *en* **Cristo,** *por* **Cristo, y** *por medio de* **Cristo**.

Esto fue explicado claramente y destacado en la palabra "seguramente" al inicio del verso 5 en Isaías 53. Fue como que Dios me hubiera dicho "¡Esta obra de curación que he hecho en mi Hijo cuando Él recibio esa golpiza por ti... es una cosa CIERTA!"

¡Eso fue un informe mucho mejor que el que estaba recibiendo de los oncólogos! ¡Yo quería *la vida* para mi riñón! Yo estaba aprendiendo a reconocer y evitar la muerte en cualquier forma sutil de negatividad o ansiedad. Yo estaba escogiendo la vida en la manera en que pensaba y hablaba, cambiando la manera en que pensaba en la alimentación y lo que yo comía o no comía, y especialmente, yo estaba escogiendo la vida por estar en la Palabra de Dios lo más que fuera posible.

Todos nosotros sabemos la frase "Tú eres lo que comes". Malos hábitos de comer producen mala salud. Esto se aplica como ejemplo paralelo con respecto a la Palabra de Dios y la fe contra la incredulidad. *Nos convertimos en lo que dejamos influirnos.* La vida cotidiana nos bombardea con negatividad. Sabemos la frase "basura entra, basura sale", con respeto a lo que ponemos dentro de nuestra mente. No escuché a ninguna persona que dijo, "Dios no cura a nadie hoy en día," o "No es Su voluntad curar a todos," – porque esto no me ayudaría a tener la confianza en Dios para pedirle la curación!

Me alimenté de "lo que dice mi Papá" (la Palabra de Dios) como mi dieta constante, sabiendo que la fe crecería, y la confianza hacia la bondad de Dios aumentaría una audacia a creer. Me imaginé que era para mí para llenarme espiritualmente de la Palabra de Dios, del mismo modo que dependía de mí para mejorar la alimentación de mi cuerpo de manera responsable para los resultados máximos saludables. Fue un paralelo claro.

También buscaba maneras de quitar cualquier duda, incredulidad, o pensamiento tradicional que pudiera obstaculizar o mermar mi fe en Él.

Referencias de Las Escrituras – Capítulo 4

Isaías 53:3-5   curado por sus azotes...
I Corintios 1:30   Cristo hecho sabiduría para nos...

*   *   *

CAPÍTULO 5

Dios Está Moviendo

"El Señor cumplirá Su propósito en mi..."
Salmos 138:8 (AMP)

Fue a mediados de abril, la espera de siete semanas para ver al tercer especialista había llegado. Llevé conmigo la creciente serie de radiografías e informes así que la historia médica completa estaba disponible. Él y yo revisamos la progresión de las radiografías de las últimas nueve ó 10 semanas, comenzando con la primera de la sala de emergencias el 23 de febrero.

Sus palabras me sorprendieron. "Al comparar estrechamente las radiografías de los últimos meses, la masa ESTÁ CRECIENDO DEFINITIVAMENTE."

¡Eso *no* era lo que hubiera querido escuchar! Luego dijo, "¿Ves cómo hace un mes en estas radiografías la masa era tan sólo de este tamaño, pero en estas radiografías más recientes es más grande, causando que el riñón se abulte un poco hacia el lado?"

¿El riñón abultándose? ¡Tampoco quería escuchar eso!

73

Siguió rápidamente con "Pero esto es interesante. **Por lo visto, la masa se ha movido un poquito.**"

¿Qué significó 'por lo visto se ha *movido un poquito*'? Me incliné más cerca mientras él me mostraba de lo que estaba hablando. ¡Era más grande, pero se había movido un poco! Yo estaba viendo algo en las radiografías que, al menos para mí, significaba que las oraciones estaban siendo contestadas. La masa ya no estaba en la parte del riñón que produce la orina, lo cual permitía la posibilidad de que funcionara correctamente el riñón. Aunque el doctor no dijo esto, a mí esto significaba que ahora podría ser más fácil para operar...

En Su ministerio, Jesús habló a las circunstancias (la furia del mar), las cosas (el árbol de higuera), aún los demonios, y cuando lo hizo, cosas poderosas ocurrieron.

¡Hablé a Esa Masa!

La radiografía mostraba que la masa estaba cambiando. ¡De camino a casa en el coche estaba alegre! Le dije a Dios que aún confiaba en Él, a pesar de lo que ví; pero era tan maravilloso ver y oír algo que podría pensarse como alentador.

En Su ministerio, Jesús habló a las circunstancias (la furia del mar), a las cosas (el árbol de higuera), aún a los demonios, y cuando lo hizo, cosas poderosas ocurrieron porque habló con Sus palabras llenas de fe. ¡Pensé que si imitaba a Jesús como una niña, no podría salir mal! Las Escrituras dicen que Él dió a Sus seguidores la autoridad de usar Su Nombre. ¡Así que le hablé *a* esa masa y la reprendí! Le dije a la masa que no tenía permiso de crecer en mi cuerpo, y que no podría prosperar contra mí, ni causarme ningún daño, en el nombre de Jesús. Sabía que tenía la autorización a declarar eso porque dice en Isaías 54:17, "Ningun arma forjada contra ti prosperará."

Cuando Jesús experimentó la tentación de los cuarenta días en el desierto, Él tenía un enfrentamiento frontal con el diablo. Él manejó cada golpe que el diablo le lanzó, diciendo, "ESTÁ ESCRITO", rechazando cada tentación y distracción del enemigo, y usando las mismas palabras de Dios (Mateo 4:1-11, AMP). ¡Jesús citaba las Escrituras, y dejaba que la Palabra de Dios luchara por Él! Así que, lo imité y grité, "ESTÁ ESCRITO 'Por los azotes de Jesús fuí curado según Isaías 53:5."

¡Hablé a esa masa y la reprendí! Le Dije a la masa que NO tenía permiso de crecer en mi cuerpo, y que no podría prosperar contra mí, ni causarme ningún daño, en el nombre de Jesús.

Yo estaba llena de esperanza y le pedí a Dios que siguiera protegiendo mi riñón izquierdo de la masa.

En voz alta dije, "¡Masa, muérete en el nombre de Jesús, y no me robarás ninguna de las células sanas de mi riñón! ¡No me quitarás el riñón izquierdo en el Nombre de Jesús!" ¡Sí, estaba muy emocionada! Estaba exuberante en mi coche mientras manejaba a casa. ¡No me importaba quien me viera!

Puede que hayan personas que lean esto y piensen, "¡Señora, usted esta loca, hablándole a su riñón, y hablándole a una masa que está creciendo en su cuerpo!" La gente puede pensar que estoy loca, pero recibí un milagro, y ¡sé que *la Palabra de Dios es viviente y poderosa, y produce resultados!* (Hebreos 4:12, AMP)). ¡Sé que Él es fiel al guardar Su Palabra y no volverá a Él vacía! (Isaías 55:11).

¡La gente puede pensar que estoy loca, pero recibí un milagro, y sé que la Palabra de Dios es viviente y poderosa, y produce resultados!

¡Un Momento Asombroso en Mi Camino de Entrada!

Anteriormente dije que fuí de un doctor a otro, para obtener una segunda opinión, tercera, e incluso cuarta opinión. ¡Yo seguía esperando que alguien me dijera algo que quería oír! Cuando llegué a casa del centro médico y estaba en la entrada, algo poderoso de repente hizo sentido en mi entendimiento. Yo acababa de decirle a esa masa que no podía tener mi riñón, cuando empezó a agitarse mi corazón. ¡Sentí como si una fuerza energética de entendimiento como de géiser estuviera a punto de explotar!

Me acordé de los versos que había estado leyendo el día que recibí la primera llamada telefónica - el verso que decía: "Jehová Dios mío, clamé a ti, y tú me sanaste. Tu me has mantenido vivo, que no debo bajar a la fosa (la tumba)." (Salmo 30:2, 3, AMP).

A la entrada de mi casa, otro verso me vino con fuerza. Era Isaías 53:1, **"¿QUIÉN HA CREÍDO A NUESTRO INFORME, Y A QUIÉN HA SIDO REVELADO EL BRAZO DEL SEÑOR?"**

Las Escrituras me estaban "hablando" a mí, dirigiendo mis pensamientos, guiando mi fe, enseñándome, y revelando conocimiento. No me estaba simplemente acordando de un verso de la Biblia. Ese verso *estaba siendo citado* para mí, dentro de mi corazón. Era tan claro como cuando sentí que Dios me decía que hay que centrarme en *Sus* palabras durante la llamada telefónica inicial en Febrero cuando Dr. Lowe me dijo que tenía que prepararme para perder el riñón.

Una luz se encendió dentro de mi entendimiento como electricidad de alto voltaje. Era un cambio de mentalidad. Mis propios pensamientos no estaban pensando en Las Escrituras; sino que mi entendimiento estaba aumentando con una visión significativa.

¡Su Palabra tenía voz!

No me estaba acordando un verso de la Biblia. Ese verso estaba siendo citado A mí, dentro de mi corazón.

¡Me di cuenta de que Dios me estaba haciendo una pregunta a través del tiempo y del espacio mediante el verso en Isaías 53:1! Había fuerza en ésto. ¡Me dí cuenta de que en aquel verso Él pedía que *alguien* que quisiera escuchar, de la primera vez que Él lo habló a través de toda la historia hasta que yo lo escuché a la entrada de mi casa! Él estaba preguntando, "¿QUIÉN ha creído NUESTRO informe, y a quien ha sido revelado el brazo del Señor?"

¡Me golpeó tan fuerte! ¡Un verso que yo había leído muchas veces se convirtió de ser simplemente palabras en la página a ser una pregunta viviente que era muy personal para mí! Que tenía "voz". No, yo *no* digo que estaban oyendo voces, más bien era que de repente se hizo viva en mi corazón. ¡Ya lo entendía yo! (Proverbios 6:22 dice La Palabra de Dios nos guía, nos mantiene, y **cuando nos despertamos, Su Palabra nos habla**).

¡Dios te hace una pregunta solamente porque Él quiere darte la respuesta!

¡Yo había ido de un doctor a otro esperando que alguien me dijera lo que yo quería escuchar, y de repente Él Alguien me estaba diciendo algo que quería escuchar! ¡Era Alguien Él mismo! Llegó en la forma de una pregunta por medio de ese verso. Como mi pastor dice, "¡Dios te hace una pregunta solamente porque quiere darte la respuesta!"

FUE RÁPIDO, COMO UN RAYO RESPONDIENDO A OTRO RAYO, porque la pregunta vino a mi espíritu, y era mi espíritu que respondió de nuevo en un instante. Era más rápido y más poderoso que yo pensando en algo más. ¡Estaba emocionada! Grité, "Soy el 'Quien', Dios. *Lo haré*! ¡Soy el 'Quien' que cree en Tu informe! ¡Lo creo, Señor! ¡Te creo! Las respuestas son de TU boca.

Tu informe es el informe que necesito y donde voy a prestar atención.

"No obtendré la respuesta que quiero con sólo ir de doctor a doctor, o de especialista a especialista, esperando que uno de ellos me diga lo quiero oír. ¡*Ellos* no pueden causar que la masa desaparezca! No pueden cambiarla ni convertirla de ser la palabra 'c'. ¡Pero TÚ puedes hacerlo! Yo recibo Tu informe Señor, porque Tu informe es la verdad.

¡Luego lo entendí; Su informe realmente es La Verdad! ¡Yo estaba experimentando un "¡Aja!" profundo en esos momentos de mi vida! ¡Era una visión de alto voltaje, pero con resultados buenos para traer curación!

La segunda mitad del verso fue el resto de la pregunta a mi corazón: **"¿...y a quién ha sido revelado el brazo del Señor?"** ¡Sentí como sí estuviera a punto de estallar fuera de mi piel porque ya lo entendía! Grité de nuevo a la segunda parte de la pregunta en ese verso tan fuerte como pude: "¡Yo soy el 'Quién, Señor! ¡Me ha sido revelado a mí! ¡*Yo lo entiendo!* ¡El 'brazo del señor' me ha sido revelado a mí! ¡Yo sé Su Nombre! ¡Su Nombre es JESUS! ¡El brazo del Señor es Cristo JESÚS! ¡Él es Tu Brazo de fuerza y poder y provisión *a* mí y *para* mí! ¡Lo entiendo, Dios! ¡Yo lo *veo*!" No me avergüenza al menos decir que por ese momento estaba llorando mientras gritaba mi respuesta a Él, pero llorando con emoción y una humildad profunda también, porque lo entendía. Quedé asombrada, emocionada, y agradecida.

Hace años vi la película "Contacto" con Jodie Foster y Matthew McConaughey. En la historia, Jodie Foster era científica y astrónoma que siguió su pasión, la búsqueda de años tratando de descubrir si había vida inteligente en nuestro sistema solar o más allá. En la película, su dedicación fue recompensada con algunos descubrimientos asombrosos y *encuentros muy personales.*

Una de mi escenas favoritas de la película fue cuando finalmente se dio cuenta que había una señal en vivo en la pantalla de su computadora...y que venía de nuestra galaxia. Ella tuvo un *momento de transformación* en el que ella de repente entendió el modelo y la comunicación que estaba siendo enviada. Ella casi estalló fuera de su piel con entusiasmo...

¡Bueno, *yo* tenía *mi* propio momento de "contacto", por así decirlo, ahí en mi coche, en el camino de entrada, y fue igualmente transformándose para mí! No fue en una computadora científica que estaba recibiendo mensajes de otras galaxias como en la historia de la película, estaba ocurriendo en mi corazón y entendimiento como visión me vino "en vivo" de Las Escrituras.

¡Yo también pensé que estallaría de entusiasmo! He oído a los pastores decir, *"Cuando una palabra de Dios se vuelve a tu entendimiento, tiene el poder dentro de ella para liberar tu corazón y dar vuelta a tu situación."* Yo estaba experimentando uno de esos momentos. ¡Sabía que Dios estaba comunicándose conmigo por medio de Su Palabra y Él se definía a Si Mismo como mi defensor y CURADOR!

Pensé que fue extraordinario que Dios usó la Palabra "informe" en ese verso. ¡Ese verso tiene algo como 2,700 años de edad; se habló proféticamente 700 años antes del nacimiento de Jesús! Me dí cuenta de que Dios ha estado preguntando esa pregunta a lo largo de las generaciones, esperando que las personas oigan y reciban como Dios manda la respuesta en su corazón. **Él siempre está buscando a gente a la que pueda transmitir Su luz y sabiduría. ¡Él siempre está buscando corazones disponibles que van a recibirlo!**

Su sabiduría estaba diciéndole a mi corazón: "YO SOY tu doctor, YO SOY TU SANADOR. *Yo* soy tu Gran Médico. Cree en MI informe. El doctor te da un informe que pone el miedo en tu corazón. *Yo* te doy un informe que pone la vida, la esperanza y el poder en tu corazón. ¡En vez de creer en los informes de los humanos que hacen lo mejor que pueden, (pero aúnque sea el mejor, todavía ellos practican medicina), **cree en Mí!**"

Luego la parte próxima que vino a mi corazón me sorprendió aún más: "YO no estoy practicando, Yo Soy tu respuesta. Yo soy *el* Yo soy. Dí mi nombre y lléna el espacio con tu necesidad. ¡YO SOY tu Proveedor! YO SOY tu Fuente, tu Provisión. ¡YO cumplo tu necesidad! ¡YO SOY el Todopoderoso! YO SOY tu Todo-en-todo."

Era como si yo tuviera el informe de los doctores en la mano izquierda, y "el informe del Señor" de Su Palabra en la mano derecha, y Dios me estaba pidiendo que eligiera uno. ¿En qué informe iba a apostar? Me quedé asombrada. Versos consabidos se volvieron vivientes dentro de mí. Mis emociones me abrumaron al pensar que Dios se estaba haciendo a Si Mismo tan real en mí. Una inundación de versos fue burbujeando en mi corazón y bañó mi mente, lavando afuera el miedo y dando la claridad –

Juan 1:1 y 4, también verso 14, "En el principio era la

Palabra, y la Palabra era con Dios, y la Palabra era Dios...En Él era la Vida, y la Vida era la Luz de los hombres" y "la Palabra se hizo carne y habitó entre nosotros" (¡Jesús es la Palabra!).

Salmos 107:20, "Envió su Palabra y los curó y los libró de su ruina."

Malaquías 3:6, "Porque Yo Jehová, no cambio."

Hebreos 13:8, "Jesucristo es el mismo - ayer, hoy, y por los siglos."

Dios estaba conectando verso tras verso juntos y liberando el poder de Sus respuestas y soluciones en mi entendimiento. ¡Estaba empapada en el amor viviente, el poder, y las respuestas! La sabiduría del Cielo se estaba dando en mi espíritu. Tal vez estaba en una tormenta médica, pero el Espíritu de Dios me estaba anclando firmemente en el poder de Su Palabra.

Respondí rápidamente con, "Los informes de los doctores y las radiografías pueden ser los hechos médicos, Dios, pero Tú y Tu Palabra y Tu Provisión son LA VERDAD." Un silencio de profunda quietud se apoderó de mí como que todo eso se asentó en mi entendimiento. Yo estaba pasmada.

La diferencia entre los dos de repente era muy clara. Yo hubiera sido una tonta de negar los problemas médicos que sucedían en mi cuerpo, o ir por ahí cantando las palabras, "¡Me niego a tener cáncer, Me niego a tener cáncer, no estoy enferma, estoy bien," como si fuera una mantra optimista y positiva! Eso no habría tenido sustancia, y también hubiera sido médicamente irresponsable.

Tal vez estaba en una tormenta médica, pero el Espíritu de Dios me estaba anclando firmemente en el poder de Su Palabra.

Los hechos fueron definitivamente claros, y yo estaba siendo responsable médicamente yendo a todas las citas, teniendo todas las pruebas necesarias y preparándome para enfrentar una aparentemente cirugía necesaria. Me gustan la medicina y las ciencias. Son muy importantes y Dios nos ha provisto las dos. Yo usaba la medicina como una herramienta en Su mano, confiando en Él como mi Fuente. Hacer eso en ningún modo significaba que yo no confiaba en Su Palabra. Los doctores saben cortarnos y cosernos, pero, al final, ¿quién enseña a las células a coserse juntas? ¡Del modo en que yo lo veo, *es totalmente de Dios!*

Yo hubiera sido una tonta de negar los problemas médicos que sucedían en mi cuerpo, o ir por ahí cantando las palabras, "¡Me niego a tener cáncer, Me niego a tener cáncer, no estoy enferma, estoy bien," como si fuera una mantra optimista y positiva! Eso no habría tenido sustancia, y también hubiera sido médicamente irresponsable.

Mientras meditaba más profundamente en las promesas de curación, más aprendía que hay algo (o, es decir Alguien) que es mejor que los hechos médicos: LA VERDAD, que ES la Palabra de Dios, apoyada por Su

Nombre y todo lo que Él es. ¡Decimos que creemos en un Dios viviente, entonces lógicamente, era razonable que Él me estuviera respondiendo y proveyendo estas visiones a causa de tanto tiempo que Lo perseguí! El entendimiento vino porque yo seguía buscando la ayuda de Jesús, la gracia, el poder, la fuerza, la paz, y la curación por medio de Su Palabra. Las visiones llegaron como destellos brillantes de luz.

Los científicos nos dicen que la luz viaja a 186,000 millas por segundo. En Juan 1:4 se reveló sobre Jesús, "En Él era la Vida, y la Vida era la Luz de los hombres." ¡Estos destellos de visiones vinieron como ráfagas de luz-llena de comprensión, y fueron más rápidos que lo que yo pude pensar!

¡Esto no era algo en lo que yo estaba tratando de persuadirme, esto era algo que era viviente y me estaba agarrando! En términos teológicos se llama RHEMA. Hay palabras Griegas que se usan para describir la Palabra de Dios. Una de ellas es "Logos", la que significa la Palabra escrita, la que conocemos como la Escrituras en las páginas. Otra palabra es "Rhema", la que significa *palabra viviente* o *palabra revelada*. Es cuando un verso en particular salta de la página y vuelve a la vida en nuestro entendimiento por medio del Espíritu del Dios viviente. Es ese momento eléctrico de "¡Ajá!" del que estaba hablando. ¡Fue Dios quien me hizo entender y me sentí asombrada y excitada!

Referencias de Las Escrituras – Capítulo 5

Isaías 54:17 Ninguna arma forjada contra ti...
Mateo 4:1-11 Jesús usa la Palabra para resistir al diablo
Isaías 53:5 Curado por Sus azotes...
Hebreos 4:12 La Palabra es viva y poderosa...
Isaías 55:11...Su Palabra no volverá a Él vacía...
Salmos 30:2-3 Grité a Ti y TÚ me has curado...
Isaías 53:1 Quién ha creído nuestro informe...
Proverbios 6:22 La Palabra de Dios hablará contigo...
Juan 1:1, 4, and 14 En el Principio era la Palabra...
Juan 1:4 En Él es la Luz...Él es la Luz de los hombres

*   *   *

CAPÍTULO 6

El Sueño antes de la Cirugía

"Él fue herido por nuestras iniquidades…y
por Sus azotes fuimos curados".
Isaías 53:5 (NKJV)

El impacto del estudio comprometido, la meditación, y el mantener ligados mi corazón y boca a la Palabra de Dios, empezaron a correr profundo; produjo algunas cosas poderosas de maneras inesperadas.

Una noche tuve un sueño increíble. Yo iba a la deriva del sueño profundo cuando me desperté, pero creo que todavía estaba soñando. En el sueño vi algo que no pude identificar. Al mirar fijamente, empecé a darme cuenta que estaba mirando a una persona – un hombre. Había recibido una paliza horrible y parecía gravemente herido hasta el punto de ser casi irreconocible como humano. Estaba encorvado sobre sus rodillas, vestido con un tipo de manto que se rasgó en jirones. Mientras más miraba, más veía en detalle, como una cámara que se enfoca de borrosa a clara. Él aparecía sucio, no por falta de baño, sino por haber sido golpeado horriblemente. Entonces me di cuenta de que no estaba sucio – lo que parecía ser tierra era en realidad un gran cantidad de sangre seca.

Tenía el pelo largo y suelto, enredado en todo su rostro, y enmarañado con sangre. Yo no podía ver quien era. En el sueño caminé con cuidado en un círculo amplio a la derecha para ver mejor, mientras mantenía distancia, porque me sentía alarmada por lo que veía. Estaba encorvado sobre algo, y sus brazos a su alrededor. Su cabeza estaba inclinada de una manera protectora sobre él también. Al mirar más cerca, pude ver que estaba inclinado sobre una persona, de una manera protectora se envolvía en torno a ellos.

ENTONCES ME DI CUENTA DE LO QUE ESTABA VIENDO. Él estaba actuando como escudo humano por el bienestar de la persona que estaba protegiendo. Al mirar más cerca para ver a quien estaba protegiendo, él empezó a recibir una paliza de nuevo. Lo miraba, mientras las lágrimas corrían por mi cara, porque cogí una vislumbre clara de la persona que estaba siendo protegida de la paliza terrible, golpe tras golpe. La persona que estaba siendo protegida era yo.

De repente supe que el hombre en mi sueño era Jesús, y que recibía una paliza en Su espalda por mí – la paliza a la aflicción, la enfermedad, y…el cáncer. ¡Estaba sorprendida con lo mucho que él me amaba y hasta que extremo, ese amor lo había llevado! En la forma de un sueño, tuve el privilegio de ver una explicación íntima del verso en Isaías 53:5, "Él fue herido por nuestras iniquidades… y por Sus azotes fuimos curados."

Los versos de curación en los que yo había meditado

se fueron ilustrando ante mí en este sueño profundamente personal. El hecho de que haya sido dificultoso reconocerlo a él como un ser humano en el sueño, tiene explicación en las Escrituras, porque dice en Isaías 52:14 "Así como había muchos que se asombraron de él — su aspecto era tan desfigurado más allá de cualquier hombre y su forma marcada más allá de la semejanza humana." (NIV)

Empecé a entender que Cristo *ya* había proporcionado mi necesidad según la explicación detallada en el capítulo entero de Isaías 53. Con la mente más clara entendí que los golpes en Su espalda eran el cáncer, toda enfermedad y la muerte. Él ya había tomado estas enfermedades por mí y se había sustituído *por* mí. Él se había convertido en mi provisión, para que en los siglos después cuando la enfermedad me viniera a mí para destruirme, yo pudiera <u>saber</u> que *Él ya se había dado a Sí Mismo como una respuesta* para mi protección y mi curación.

Empecé a entender que Cristo ya había proporcionado mi necesidad según la explicación detallada en el capítulo entero de Isaías 53.

MI ESPALDA POR TU ESPALDA

Él me mostraba, *"MI ESPALDA POR TU ESPALDA."* Me decía, "Lo hice por tí. YO SOY Tu Protector y Provisión. YO SOY tu SANADOR. **YO SOY tu curación**, YO SOY tu Escudo. No tienes que *pedir*me que lo sea, porque ya LO SOY. No tienes que *pedir*me que te cure, porque ya lo HICE por medio de Cristo mientras cumplía las profecías. *Sigue recibiendo lo que he logrado para tí.*"

Yo estaba empezando a entender que no tuve que persuadirle para que me curara. Yo estaba segura de que cuando oraba en su Nombre, Su voluntad ya se había logrado completamente, como cumplido en Isaías 53.

Los doctores nos dicen que la paliza que recibió Cristo con látigos arrancó trozos de carne de Su espalda que recorrió hasta Sus pulmones, los riñones, y el hígado, así como los músculos que rodean las costillas.

Se dice que la mayoría de la gente que era castigada no sobrevivían ni siquiera la mitad de una flagelación romana porque la intención era matar. Jesús permaneció vivo durante toda la paliza para cumplir la promesa de ser la Palabra que había sido enviado para curarnos, como dice en Salmo 107:20: "Él envió Su Palabra y nos curó, y los liberó de su ruina."

Jesús sobrevivió la flagelación para *luego* ir a la cruz y pagar por nuestros pecados – y también para ser el profetizado "Gran Intercambio de Justicia para nuestra *in*justicia". Él proporcionó perdón por nuestra desobediensa, por nuestros pecados contra Dios y Sus caminos, y sólo Cristo es nuestro camino *de vuelta* a Dios. Si se lo pedimos, Él nos llenará con Su Espíritu para darnos el poder de vivir nuestra vida para que honremos a Dios.

Ese sueño poderoso se quedó en mi mente durante varios días. Yo casi no hablé. Me pasmó en asombro. ¡El Señor no tuvo que ser tan amable de mostrarme algo así y visitar mi corazón en un sueño!

Su Palabra y Sus promesas eran suficientes. ¡Pero Él respondió a mis oraciones y de un modo muy personal me abrió el entendimiento! De veras, estaba asombrada y llena de humildad.

Me di cuenta de que al igual que Dios ha tallado Su pacto de los Diez Mandamientos en las tablas de piedra para que Moisés se las diera a los hijos de Israel, Él había tallado Su pacto de curación en la espalda de Su propio Hijo para la humanidad...para estar siempre a la disposición a las necesidades de todas las generaciones por venir.

Referencias de Las Escrituras – Capítulo 6

Isaías 53:5   por Su flagelación hemos sido curados...
Isaías 52:14   Su aspecto fue desfigurado...
Salmo 107:20   Él envió Su Palabra y los curó...

*   *   *

CAPÍTULO 7

El Día de la Cirugía

"No moriré, sino que viviré, y contaré las obras de
Jehová"
Salmo 118:17 (NIV)

Eʟ ᴅíᴀ ᴅᴇ ʟᴀ ᴄɪʀᴜɢíᴀ fui bendecida al tener a mi familia al lado mío mientras esperaba a que la enfermera me preparara para el procedimiento. Mi esposo, padres y hermano estuvieron allí, y mi hija Erica llegó de Pittsburgh. Mi hijo, David, estaba en Escocia, jugando en el NFL en Europa, entonces no estaba en los Estados Unidos. Mi querida amiga Janeen había rendido generosamente un día de vacaciones de su trabajo para estar en el hospital conmigo muy temprano por la mañana antes de la cirugía.

Fuí escoltada por una enfermera detrás de esas puertas grandes grises que llevaban a la cirugía; todos tenían que irse a trabajar y regresarían más tarde, pero Janeen se quedó todas las horas de la cirugía para esperar con mi mamá y hacerle compañía.

Ella no quería que mi mamá estuviera sola si los doctores llegaban con malas noticias. ¡Esto era tan precioso!

¡Yo estaba paranóica sobre cualquier error que se hiciera en mi cuerpo, por lo que yo había tomado un marcador permanente de tinta azul y escribí en mí misma una gran X y las palabras, "¡No *este* riñón, el *otro*!" sobre el área del riñón derecho! (La cirugía era para quitarme el riñón izquierdo.) ¿Extraño, lo sé, pero, no hemos todos leído sobre los accidentes extraños que ocurren de vez en cuando en los hospitales? ¡Yo no quería ser una de esas estadísticas!

Cuando me estaban vistiéndo para el procedimiento, las enfermeras vieron lo que habia hecho en mi cuerpo con el marcador, y se rieron. Pero luego hicieron mejor – me dieron un marcador de color *morado* brillante, y me dijeron "Usamos morado para nuestros pacientes, entonces, ¿podrías marcarte con este marcador como precaución doble para que los doctores sepan que *nosotros* lo hicimos aquí contigo?"

Pensé que eso era maravilloso y me hizo sentir tan segura de que todo el mundo tendría mucho cuidado conmigo mientras estuviera bajo la anestesia.

Mientras me llevaban por el pasillo hacia la cirugía, empecé a sentirme muy vulnerable, así que me consolaba a mí misma y cantaba, "Mi Jesús, mi Salvador, Señor no hay nadie como Tu..." Es una canción del ministerio 'Hillsong' que me encanta. No había tomado ninguna de las premedicinas porque ya de por si soy demasiado sensitiva a la anestesia; no es bueno que combine una medicina con otra, o sino necesita nueve o diez horas para despertarme de una cirugía. ¡A causa de no haber tomado ninguna premedicina, estaba nerviosa y muy alerta!

Miré hacia la camilla en la sala de cirugía y vi a las enfermeras, al anestesiólogo, y a mis "héroes", Dr. Baghdassarian y Dr. Shanberg.

Le pregunté los nombres a todo el mundo con el comentario, "¡A mí me parece absurdo permitir que alguien me corte abierta cuando ni siquiera he sido debidamente presentada a ellos!"

Todos se echaron a reír, pero nos presentamos, aunque no pude ver muy bien sus rostros debido a sus mascarillas quirúrgicas. Yo podía oír una sonrisa en sus voces atrás de las mascarillas, y más importante fue que, podía ver sus ojos. Les dije que yo estaba un poco asustada y les pedí que esperaran un momento antes de que me pusieran bajo anestecia, para que yo pudiera orar por todos, por sus manos y por sus habilidades para ser bendecidas por Dios en mi nombre. ¡Sí, lo hice, allí mismo! ¡No había duda de QUIEN quería yo que estuviera a cargo de esa cirugía!

Cuando dije, "Amen," el anestesiólogo estaba tan asombrado y me dijo, "Jackie, vamos a cuidarte muy bien, y yo te daré el tratamiento de las princesas."

Dije, "Bueno, estoy lista."

Comenzaron el goteo de la anestesia, y ni siquiera creo que fui capaz de contar hasta tres antes de que estuviera totalmente fuera.

¡Inmediatamente después de la cirugía, mientras me llevaron a la sala de recuperación, Dr. Baghdassarian

salió para ver a mi familia y amigos en la sala de espera
para decirles que todo estuvo bien, y que yo podía
retener el riñón! Los próximos diez días podrían
determinar si el riñón sería capaz de funcionar o no
después de haber cortado gran parte. Explicó que el
tumor tenía una estructura molecular rara, pero estaban
seguros que *no era cáncer.* Fotos del tumor fueron
tomadas para mi archivo. Dijo que la foto se utilizaría
para una revista médica que los estudiantes estudiarían.
Dijo que era de color calabaza, bastante grande, con
células atípicas.

---

*¡Después de la cirugía, mientras me llevaron a la
sala de recuperación, Dr. Baghdassarian salió para ver
a mi familia y amigos en la sala de espera para decirles
que todo salió bien, y que yo podía retener el riñón!*

Cuando empecé a despertar en la sala de recuperación,
me di cuenta de una cosa: ¡un dolor insoportable! Era
severo, todo alrededor del pecho en la parte superior
izquierda y especialmente en el hombro izquierdo. Me
desperté al escuchar mi propia voz gritando a un
volumen vergonzoso, pidiendo ayuda para que
desapareciera el dolor. Alguien vino – me gritaba de una
manera casi de pánico. Les dije que me sentía como si
estuviera teniendo un ataque al corazón. Me preguntaron
de dónde era el dolor y luego me explicaron que era el
gas de la cirugía que viajaba a través de mi cuerpo y
quedó atrapado en el hombro. ¿Gas? ¿Oí eso
correctamente? Yo estaba atontada, así que no tenía
sentido. Me puse a llorar y les pedí que me quitaran

el dolor.

No sé lo que me dieron, pero con gratitud me quedé profundamente dormida.

Me desperté por segunda vez al sentir que alguien me agitaba suavemente, preguntándome si sabía yo mi nombre. No me dolió casi tanto el hombro, aunque periódicamente tenía sensaciones de dolores punzantes en general que eran penetrantes. Me dijeron que todavía estaba en recuperación y explicaron que los dolores punzantes que yo estaba experimentando eran de todo el gas que se había utilizado durante la cirugía para extender mi abdomen.

¡Por lo visto durante una nefrectomía parcial el abdomen es extendido para crear lugar para que los doctores puedan moverse en el torso con el fin de conseguir el riñón! Dijeron que el gas viaja por el cuerpo, a veces se queda atrapado en las articulaciones y entre los órganos abdominales y cuando disipa... puede causar un gran malestar (¡no es broma!). Se me dijo que demoraría cerca de veinticuatro a cuarenta y ocho horas para salir de mi cuerpo. Me preguntaron que cómo me sentía además de eso y que debía tratar de quedarme despierta porque querían llevarme a mi cuarto para que mi familia me pudiera ver (eso me gustaba). *¡Luego me felicitaron y me dijeron que había conseguido retener el riñón!* ¡Música a mis oídos! Sonreí, susurré alabanza atontada a Dios, y regresé a dormir.

Referencias de Las Escrituras – Capítulo 7

Ninguna figura en este capítulo.

*   *   *

CAPÍTULO 8

Después de la Cirugía: Gratitud

"Alabad a Jehová porque Él es bueno; porque para siempre es Su misericordia."
Salmo 136:1 (AMP)

Tenía náuseas durante los próximos dos días, luchando por mantener incluso el agua en mi estómago. Acabando de tener una cirugía mayor en mi abdomen, fue muy difícil. ¡Vomitar es una de las cosas que menos me gusta hacer en el mundo entero! Había ayunado dos días *antes* de la cirugía para estar segura que mi sistema estaba completamente vacío. Lo hice para protegerme de la posibilidad de vomitar mientras estaba bajo la anestesia lo cual puede provocar una aspiración bronquial y eso es muy peligroso. Las arcadas secas después de la cirugía eran horribles y se prolongaron durante horas a la vez. Estaba tan hambrienta, y tan vacía, ya con cuatro días sin alimento. No paraban las nauseas, incluso con la medicina. Eventualmente, el gas y la anestesia abandonarían mi cuerpo, mientras tanto yo tuve que soportar todos los síntomas desagradables, los que añadían al dolor de la cirugía. ¡Lloré un poco, pero no tenía ninguna queja, aún con todo eso porque TODAVÍA ERA UNA MUJER CON DOS RIÑONES!

Cuando me cerraron después de la cirugía y me dijeron que todavía tenía dos riñones, yo sabía que Dios me había hecho un milagro. Me quedé en al hospital tres días, y luego fui a casa para continuar la recuperación. Les pedí que me llevaran directamente a la iglesia antes de ir a casa y ponerme en otra cama de nuevo. Estaba tan agradecida que la cirugía hubiera salido bien y que tuviera dos riñones. Las lágrimas silenciosas se me salían en mi cara y todo lo que pude decir fue, "Quiero ir a la iglesia."

Les pedí que me llevaran a la iglesia a la que originalmente yo les había pedido a los anacianos que oraran por mí cuando todo esto había comenzado. Sabía que iba a estar abierta y fácil de entrar, además de que era sólo un kilómetro de mi casa.

Arrastré mis pies con pequeños pasos dolorosos por el pasillo hasta al frente de la iglesia. Me dolía al moverme y al caminar, y tenía dos tubos transparentes que sobresalían de mi cuerpo (que eran necesarios por dos semanas para que el área de la cirugía tuviera una manera de drenar los líquidos que se salían de mí y "pudieran ser leídos"). Los tubos caían a mi lado y estaban atados a lo largo de mi pierna. En los extremos estaban conectados unos paquetes de drenaje, todo lo cual estaba escondido discretamente en una gran bolsa que podía llevar a mi lado para que nadie pudiera ver los tubos ni la bolsa de drenaje.

Luché para arrodillarme cuando llegué a la parte delantera de la iglesia, y literalmente entre sollozos, di las gracias a Dios durante unos veinte minutos. Aunque me sentía incómoda y tenía varias semanas de recuperación delante de mí, sabía que mi sufrimiento podría haber sido mucho peor. Dios podía ver dentro de mi corazón. A veces las lágrimas son una adoración poderosa. Cada lágrima contenía profunda gratitud. Estas fueron palabras suficientes.

A veces las lágrimas son una adoración poderosa.

Los primeros cuatro días en casa dormía, con gratitud, la mayoría del tiempo porque mi abdomen estaba muy adolorido y estaba bastante débil. Necesitaba ayuda para poderme mover en absoluto, o cambiar de posición para dormir, a causa de no tener la fuerza del torso para voltear mi cuerpo, o levantar mis propias piernas. Entrar o salir de la cama era imposible sin apoyo o ayuda. Cada movimiento era muy doloroso durante los primeros cinco días en casa. Gradualmente, gané algo de fuerza para moverme por mí misma. ¡Finalmente, tener el equilibrio y bañarme por mí misma fue como un triunfo!

Una enfermera venía cada dos días para revisar los tubos para asegurarse de que el riñón estuviera sanando adecuadamente, tomar mis signos vitales, y estar segura de que no tenía fiebre, que habría indicado una infección. Ella también cambiaba la gasa sobre la incisión de siete centímetros al lado izquierdo del ombligo. Confié en Dios para una buena recuperación, de la misma manera que lo hacía todo el tiempo antes de la cirugía. El problema más grande que ahora enfrentaban los doctores era que el riñón estuviera lo suficientemente recuperado para producir orina después de que una gran parte de éste había sido cortada. También esperaban que hubiera menos sangre en los tubos cada día, lo cual significaba que todo estaba sanando bien dentro del riñón.

Estaba de vuelta en la oficina de Dr. Shanberg unos diez días después de la cirugía para mi cita de seguimiento. Me dijo que había sido una cirugía estelar, y la biopsia final en el tejido renal había salido limpia. **¡Con felicidad, el doctor me pronunció libre de cáncer!**

Le di un abrazo y las gracias. Tomó un momento para admirar las áreas suturadas de incisión y asegurar que todo estaba sanando correctamente. Una desagradable cicatriz se estaba formando en el área más grande de incisión cerca del ombligo, pero yo sabía que al hablarle a Dios sobre esto, se convertiría en una cicratiz agradable y plana, suave, y pálida como el resto de la piel, (que lo hizo dentro del año).

El doctor salió de la sala y su ayudante entró y dijo que iba a jalar los tubos de mí.

Le dije "¿Qué? ¡Espere! ¡*Espere*! ¿Puedo obtener una inyección de anestesia o algo antes de hacerlo? ¿Y hay que usar material antiséptico y coserme o algo, no? ¿Cuánto me va a doler? "(¡De la primera cita hasta la última, nunca fui una paciente pasiva! ¡Hice todo tipo de preguntas sobre *todo*, y era mi propia representante en todo momento!)

¡A mí sorpresa no iba a recibir una inyección, y

tampoco iba a ser cosida por encima!

¡El tubo era tan grande (ancho de circunferencia) como un sorbete de un Starbucks tamaño grande o un sorbete para un batido espeso, así que estaba un poco asustada, a decir verdad!

A mis protestas "Pero, pero, pero..." dijeron, "Está bien, acuéstese, tome una respiración profunda, trate de relejarse y consiga un punto de enfonque."

Me ayudaron a acostarme (mi abdomen no volvió completamente a la capacidad normal o fuerza para moverse sin ayuda hasta tres semanas después de la cirugía) y comenzaron a extraer el tubo. ¡Yo pensaba que este sentimiento raro de "hay-un-extraterrestre-dentro-de-mí" no iba a terminar nunca! No me dolió nada, pero *sí* me hizo sentir espeluznante. ¡Sentía como me retiraban el tubo que estaba dentro de mi cuerpo y se sentía tan largo como lo que ya estaba colgando FUERA de mi cuerpo! Cuando me mostraron todo el tubo que había estado dentro de mí, de verdad, me sorprendió.

¡Cuando miré mi abdomen, tenía un agujero lo suficientemente grande para meter mi dedo en donde el tubo había colgado! "¡Tengo un agujero en mi cuerpo, chicos! ¡Arréglenlo, ciérrenlo, esto es espeluznante!" dije.

Dr. Shanberg explicó que el agujero cerraría por si sólo, y no habría ninguna cicatriz.

"¿Está bromeando?" exclamé. "¡Pero es más grande que un centavo – no puede dejarme así con un agujero en mi abdomen! ¿No se infectará, con microbios capaces de entrar állí?"

103

Se rió y me dijo que cerraría perfectamente. Ellos pusieron un apósito de gasa sobre él y me dijeron que no podía mojarse durante unos cinco días. Me quedé pasmada. De hecho, estaba en lo cierto. ¡El agujero se cerró por sí solo, y las células cosieron sin producir una cicatriz! Me dio otra razón por la cual admirar las obras de Dios. ¡Cuando "el hombre" hace la costura, hay marcas y cicatrices, pero cuando Dios hace la costura de los tejidos, no hay ni una marca! ¡En verdad somos formidables y maravillosamente hechos y Su código para la curación está escrito en nuestras células!

Referencias de Las Escrituras – Capítulo 8

Ninguno figura en este capítulo.

*　　　*　　　*

CAPÍTULO 9

Recordando El Viaje

"Mi ayuda viene del Señor, el Creador del
cielo y la tierra."
Salmo 121:2 (NIV)

La coordinadora de la cirugía por el Doctor
Baghdassarian era una mujer llamada Judy. Sentí
confianza en ella desde el principio. Ella era muy
amable cada vez que venía a una cita con Dr. "B"
mientras me preparaba para la cirugía. Yo hablaba
abiertamente con ella sobre mi fe y confianza en Dios.
Ella sabía que yo creía en Dios para que cambiara el
tumor y anulara el cáncer, y también para preservar mi
riñón izquierdo.

Después de la cirugía, Judy y yo tuvimos ocasión para
vernos cada cuatro meses para mis exámenes y
seguimientos con el Dr. Baghdassarian. ¡Nos alegramos
mucho cuando llegaron los resultados de mi cirugía!
Siempre tomé tiempo para entrar en su área y pasar unos
minutos a saludarla. Le pregunté si nos podíamos reunir
para una visita fuera de la oficina. Le dije que quería
escribir sobre mi experiencia y le pedí su ayuda con

alguna información.

Ella estaba emocionada y muy alentadora cuando supo que yo iba a escribir este libro. Comentó que mi historia y mi fe le habían impactado fuertemente y creía que iban a servir de estímulo a otras personas también. Ella estaba dispuesta a dejarme tomar notas mientras hablamos para que yo pudiera escribir sus comentarios y cualquier cosa que compartió conmigo.

Cuando comenzamos nuestra visita, le pregunté a Judy si yo le había dicho alguna vez lo que pasó cuando fui a ver al tercer especialista antes de la cirugia. Le dije sobre el momento de "montaña rusa" que yo había tenido con Dr. "Y" (el especialista con la tercera opinión, al cual tuve que esperar siete semanas para obtener una cita) al mirar las radiografías juntos. Él comentó que el tumor estaba creciendo, y por supuesto, en ese momento mi corazón se hundió. Pero había comentado también que podía ver que se hinchaba más hacia al lado, como si tratara de alejarse del centro. Le dije que era un comentario al cual yo me había aferrado, porque creía que Dios estaba trabajando para hacer cambios en mí que causaría que el tumor fuera más fácil para operar y me ayudarían a mantener el riñón.

Judy y yo recordamos que la primera vez que vine a ver a Dr. Baghdassarian, las radiografías mostraron que la masa se encontraba *centralizada* en el riñón por lo tanto, el riñón estaba condenado de cualquier manera. Ella recordó eso también. Al oír a Dr. "Y" decir que parecía que se movía de su lugar en el centro era como música a mis oídos. Él pensaba que era una curiosidad... yo esperaba estar en camino a un milagro.

Dos meses antes de la cirugía, yo había oído hablar del Dr. Shanberg, que era un cirujano de enseñanza muy conocido en UCI en aquel tiempo. También era un colega de Dr. Baghdassarian y compartían una oficina juntos al otro lado de la ciudad. Aunque no era un doctor disponible en mi plan de seguro, yo sabía que el costo para consultar con él era una inversión en mí misma. Me habían dicho que él era uno de los pocos cirujanos en el oeste de los Estados Unidos que había perfeccionado la nefrectomía parcial en cuña. Eso significaba que en lugar de crear una incisión que abriría la mitad de mi torso para llegar a mis riñones (la creación de una cicatriz desde el obligo, alrededor de medio torso hasta la espalda), él podría hacer una pequeña incisión cerca del ombligo, y realizar la cirugía en el riñón a través de la parte frontal del cuerpo. Esto produciría una incisión más pequeña al obligo, y dos o tres incisiones pequeñitas por las cual los otros instrumentos podrían pasar. ¡Por supuesto, que quise ubicarlo para una consulta médica!

Le dije a Judy sobre mi primera reunión con el Doctor Shanberg. Yo había traído las radiografías de los otros especialistas para que él pudiera revisarlas. Mientras hablábamos en su oficina, dijo que lo sentía, pero el tumor parecía ser cáncer. No podía decirme al 100% que sí era, porque no estaría 100% seguro hasta que me operara, pero dijo que estaba 99% seguro de que era cáncer y creía que necesitaría quitar el riñón. Me dijo que estaba en buenas manos con el Dr. Baghdassarian y que mientras Dr. "B" confiara en que el cáncer no se había extendido a cualquier otro lugar, él también estaba seguro de que yo iba a estar bien con solo un riñón.

Mientras yo hablaba con Dr. Shanberg, le expliqué mi

posición de creer en los versos de curación en la Biblia y que pedía a Dios por un milagro. Le interesaban mi perspectiva y creencia de que el poder de Dios en las Escrituras de curación podría afectar a las células.

Me dijo que le gustaba operar en gente con fe firme porque les va bien durante la cirugía. Dijo que muy a menudo ellos se recuperan más rápidamente y retienen menos cicatrices. Le dije que me acordé los artículos que salieron años antes en la revista Time con aquel mismo tema.

A medida que Judy y yo continuábamos nuestra visita recordando todos los acontecimientos sobre y hasta el día de la cirugía, le dije que mientras hablaba con Dr. "S", me puse más audaz y le expliqué lo que yo esperaba de él. Le dije que a pesar de lo que todas las pruebas y radiografías mostraban, **yo estaba esperando un milagro** – que Dios se moviera poderosamente en el tumor para que *no* fuera cáncer y que yo mantuviera mi riñón izquierdo. Le pregunté si él podría cortarlo con cuidado, con el fin de preservarlo, en vez de pensar que sería necesario quitarlo.

Me explicó sobre el peligro de cortar demasiado cerca a un tumor canceroso. Explicó que al hacerlo aumentaría el riesgo de separar las células cancerosas, de hecho lo propagaría por no removerlo todo. Dijo que sería mejor quitar el riñón.

A medida que hablábamos él era respetuoso y apreciaba mi punto de vista, y también de mi esperanza de que no era cáncer. Me advirtió suavemente pero con firmeza, que él y todos los otros especialistas creían que *sí era* cáncer, en base a sus hallazgos.

"Entiendo que usted espera por aquel uno por ciento...pero el consenso profesional es que el riñón tiene que salir," dijo.

Él era muy cariñoso y dijo que no quería decepcionarme o causar daño a mi fe. Él me recordó que esto era lo que hacía para ganarse la vida, dos veces por día, cuatro días por semana, por los últimos treinta y tres años, y como especialista lo veía cada día. Él estaba seguro de que yo iba a salir bien de la cirugía, que yo era joven, fuerte, y de buena salud en general.

"Estoy seguro de que estará bien y vivirá un vida normal y feliz con un solo riñón," dijo.

Me quedé tenaz, y le aseguré de que mi fe no sería sacudida sin tener en cuenta el resultado. Le dije, "Voy a hacer lo que *yo* hago, que es confiar en Dios. Voy a confiar en que Dios hará lo que *Él* hace, que es curar y dar milagros. Voy a confiar en que usted hará lo que *usted* hace como cirujano superior. ¡Es un ganar/ganar! *Yo sólo le pido que lo haga con la idea de 'Vamos a ver si Jackie consiguió su milagro,* y todo lo que tenemos que hacer es quitar ese tumor y reparar lo que queda del riñón.'"

Como Judy y yo continuamos nuestra visita, ella dijo que pensaba que era muy extraordinario que yo hubiera sido tan audaz con Dr. Shanberg. También ella pensaba que era genial que él se tomó el tiempo para escucharme con tanto respeto, y ella me aseguró que él tomaría mi punto de vista en consideración cuando se acercara proceso de la operación.

Asentí con la cabeza, y continué diciéndole lo que dije después: "¡Obviamente, si encuentra cáncer después de comenzar, voy a confiar en su juicio para cortar todo lo que crea que deba ser cortado! Simplemente no quiero que usted vaya por allí basándose solamente en la evidencia médica recopilada. **Creo que el poder de Dios puede suplantar la evidencia médica.** Me gustaría que usted permita la posibilidad de un milagro y mantenga mi perspectiva en mente desde el principio, cortando con precaución. ¿Está usted dispuesto a hacer eso por mí?" pregunté.

Judy se sorprendió y dijo, "¡Oh Dios mío, Jackie, no puedo creer que fuiste tan valiente!"

Le dije que él me dió una sonrisa grande y amablemente accedió proceder con la cirugía desde mi perspectiva. Le dije al Dr. "S" que yo estaba dispuesta a tomar el riesgo de dos cirugías si pudiéramos mantener el riñón y darle una oportunidad de recuperarse del shock de lo que tendría que soportar. ¡Pensé que si no empezaba a producir orina y mostraba que podría funcionar como un riñón debido al trauma, podríamos operar por segunda vez y removerlo completamente!

"Jackie," Judy respondió, "hay que recordar que este doctor es un cirujano de urología *muy conocido*. Él lleva treinta y tres años de experiencia con los cánceres del riñón. *Cada doctor confirmó, basado en la evidencia en las radiografías, que era su creencia que lo que estaban viendo era cáncer.*"

¡Le dije que tan pronto como Dr. Shanberg y yo terminamos la consulta, nos dimos la mano! Me hizo sentir muy bien el saber que él se asociaría con el Dr. Baghdassarian, en quien yo ya confiaba y que serían un equipo para la cirugía. Lo que más me importaba era que tan respetuoso fue con mi perspectiva de fe. Él dijo que iba a escribir un par de cartas en mi nombre a mi compañía de seguros para ver si podría unirse a mi equipo de cirugía. Estaba tan contenta, porque normalmente él no hubiera participado en mi cirugía ya que no era mi doctor y no figuraba en mi plan de seguros. ¡Salí de su oficina sintiéndome muy animada y llena de ilusión!

Judy dijo que había visto la carta que Dr. Shanberg había escrito al Dr. "B" en mi archivo.

Ella comentó "Tu archivo es uno de los más gruesos, detallados que tenemos en la oficina, Jackie."

Había otro hecho que mostraba la mano de Dios trabajando en mi nombre, y hasta este día ha quedado como un misterio en mí. En las semanas antes de la cirugía, tuve que hacer muchas llamadas telefónicas a mi compañía de seguros para pedir permiso de tener la nefrectomía parcial de cuña, en vez de la cirugía típica de riñón.

Al principio la compañía de seguros no quería permitirlo, porque es una cirugía especializada, y por lo tanto cuesta mucho más. Pero durante la última llamada que les hice me dijeron que un doctor les había escrito en mi nombre para recomendar que me permitieran esa operación, *y él ayudaría a cubrir los gastos.* Ellos no me dieron el nombre del doctor, pero dijeron que no era ninguno de los doctores que yo había mencionado. Hasta este día me he preguntado quien podría ser aquel doctor, pero su influencia y generosidad ayudó a mi caso. Era otro de esos momentos "humildes entre un silencio agradecido" y me preguntaba, "¿Cómo hizo Dios eso por mí, y quién era ese doctor?"

¡Judy dijo después de la cirugía que los otros doctores y empleados en la oficina de Dr. Baghdassarian que vieron la foto del tumor no podían creer qué tan *grande* era! ¡Ella me dijo que el informe de la biopsia declaró que el tumor era *benigno* y eso fue muy sorprendente para todos!

Ella dijo, "Me sentí aliviada y alegre por tí, Jackie. "*Nadie podía creerlo* y los comentarios fueron volando de una oficina a otra entre los médicos. ¡El tumor tuyo era *grande*!"

Dijo que el Dr. Baghdassarian no podía creerlo, ni el Dr. Shanberg ni el Dr. Lowe; todos estaban atónitos de que fuera benigno, porque mostraba *todos los signos* de ser cáncer.

El compañero de la oficina del Dr. 'B' había visto algunas de mis radiografías, ya que todos ellos las habían discutido antes. Judy lo había mantenido al corriente de mi caso porque él había mostrado interés. Él también dijo que **no podía creer que era benigno, basado en el montón de evidencia obtenida antes de la cirugía.**

Mientras Judy y yo nos sentabamos a hablar, seguí diciendo, "¿De veras? *¿De veras?* Nunca me di cuenta de que ellos hablaban tanto sobre esto."

Ella dijo que todo el personal había mostrado interés, sobre todo porque yo estaba tan confiada en que Dios iba a intervenir por mí. Dijo que trataba de tener la esperanza por mí, pero todos estaban completamente convencidos de que estaban viendo cáncer, radiografía tras radiografía, sobre todo por el modo en que crecía. Ella dijo que por eso ellos estuvieron tan sorprendidos después de la cirugía - y estremeció mi corazón de nuevo una y otra vez con gratitud renovada.

Le dije a Judy lo que un miembro de mi familia había dicho, "¡Tal vez era cáncer al principio, pero con todas las oraciones y el estar en la Palabra, Dios cernió sobre Sus promesas, lo cambió a nivel célular, nos protegió a mi riñon y a mí y me dio mi milagro! Tal vez tenía una estructura molecular tan inusual porque *había* sido cambiada de cáncer a algo diferente..."

Yo pensaba que era un comentario querido y una perspectiva interesante – algo con lo que estaba muy cómoda porque creo que la palabra de Dios nos guarda con Su poder y amor, y Él traerá Su curación. Le dije que creía que las palabras de Dios estaban llenas de poder, que eran capaces de literalmente cambiar el ADN de cualquier cosa; pueden penetrar e impactar a nivel celular. Pienso que fue ahí donde recibí mi milagro – a nivel celular.

Judy comentó que veía a mucha gente venir aquí para someterse a una cirugía, pero con demasiada frecuencia su resultado no era tan notable como el mío. Ella tenía algunas preguntas sobre la gente que cree en Dios pero no recibe la curación.

Creo que las Palabras de Dios estan llenas de poder y pueden, literalmente, cambiar el ADN de cualquier cosa. Pueden penetrar e impactar a nivel celular.

Discutimos lo que las Escrituras nos dicen sobre Jesús en Su propio pueblo, "Y Él no hizo allí muchas maravillas a causa de su incredulidad." (Mateo 13:58). Expliqué que la duda puede llegar en muchas formas y bloquear a una persona del recibimiento de Dios. También compartí con ella que el corazón puede desear creer pero la cabeza puede estar llena de enseñanza equivocada, lo que provoca conflictos, aplastando la capacidad de confiar y recibir.

La duda puede llegar en muchas formas y bloquear a una persona del recibimiento de Dios. La cabeza puede estar llena de enseñanza equivocada lo que provoca conflictos, aplastando la capacidad de confiar y recibir.

¡Dije, "Si fuéramos miembro de una iglesia que hubiera llenado nuestra cabeza toda la vida con frases como 'Bueno, los regalos ya han pasado,' y 'Dios ya no cura a nadie,' sería difícil creer y confiar en Dios por algo que pensamos que Él ya no hace! ¡Pensaríamos que no podemos pedirle nada a Él! Hubieramos sido enseñados a ser de doble ánimo y a ser incrédulos, cuando se trata de Dios, y dice en Santiago 1:6, 7 aquella persona '...no será capaz de recibir ninguna cosa.'"

Judy podía ver que no había bases para una buena confianza cuando la mente de alguien está llena de creencias opuestas.

Dije, "Si ellos no enseñan la Palabra de Dios, no hay confianza en la misericordia o corazón generoso de

Dios. Si la gente no lee las Escrituras por sí misma, ellos no tienen la visión de recibir curación. Dios dice 'Mi gente es destruída por su falta de conocimiento' en Ósea 4:6."

Mencioné hechos que pueden impedir la fe de uno. Mucha gente no quiere tratar con el hecho de que Jesús Mismo enseñaba que hay un diablo que hace mal. En esencia, el diablo es el terrorista del mundo espiritual. Él nos odia simplemente porque somos la creación de Dios y objetos de Su amor. Jesús habló con frecuencia y abiertamente sobre el diablo, diciendo que Él vino a deshacer las obras del diablo. Jesús sanaba a los enfermos, deshacía las enfermedades, y liberaba a la gente de espíritus atormentados. ¡Esto indica claramente que esas cosas son la voluntad del diablo para la humanidad, NO de Dios, o Jesús no las habría "deshecho"! Eso es simplemente razonamiento deductivo.

Si la gente no lee las Escrituras por si misma, ellos no tienen la visión de recibir curación. Dios dice 'Mi gente es destruída por su falta de conocimiento' en Ósea 4:6.

Quando Judy y yo terminamos nuestro tiempo valioso en conjunto, ella mencionó que había *una cosa en todo esto* que la había realmente impactado mientras me veía pasar por la experiencia alarmante del cáncer. Dijo que ella se maravillaba en *aquel tiempo* y que *aún* piensa en ello con frecuencia respecto a los demás. Dijo que se preguntaba a sí misma, **"¿Cómo sería tener esa clase de fe?"**

Le dije que es un asunto de pedir sabiduría (como las Escrituras nos dicen en Santiago), y aferrarse a la Palabra de Dios con tenacidad feroz. También implica tomar la decisión de saber y creer en las promesas del Señor en primer lugar, y orar la Palabra de Dios sobre la situación, sabiendo que Él es todo poderoso, fiel a Su Palabra propia, y está dispuesto a estar lleno de misericordia.

Entonces es una cuestión de hacer lo que viene al entendimiento del corazón (siempre que esté de acuerdo con la Palabra de Dios) y confiar con una aceptación sin complicaciones que Dios es bueno y guardará sobre Su Palabra para que se produzca, como dice en Isaías 55:11.

Referencias de Las Escrituras – Capítulo 9

Mateo 13:58 la incredulidad impidió a Jesús...
Santiago 1: 6, 7 ten la fe, no vaciles o no vas a recibir...
Ósea 4:6 Falta de entendimiento destruye *al pueblo*
Isaías 55:11 Su Palabra producirá aquello para lo cual fue enviada....

*   *   *

CAPÍTULO 10

Una Segunda Oportunidad
para Creer

"Fíate en el Señor con todo tu corazón, y no te
apoyes en tu entendimiento"
Proverbios 3:5 (NKJV)

Mi cirugía ocurrió el 3 de Mayo. Dos semanas
después, cuando estaba cada vez más fuerte y había
comenzado a trabajar, tenía un seguimiento de
radiografía realizada en el riñón izquierdo para ver si
todo estaba curando bien desde la operación.

Recibí una llamada del Dr. Baghdassarian pidiéndome
que fuera a su oficina para revisar las radiografías.
Había unas cosas de nuevo en el área del riñón izquierdo
sobre las cuales quería hablar conmigo.

Los llamamos "blips", pero dijo que teníamos que
observarlos, porque parecía que el tumor podría estar
haciendo un re-crecimiento, y si continúa, yo tendría que
perder el resto del riñón.

Me sacudió hasta la médula. ¡No de nuevo, *otra vez* no! Estuve muy desanimada por dos días, pero conseguí el control sobre mí misma y pedí, "¿Señor, qué *hago* yo? No lo entiendo. ¿He llegado hasta aquí, *Tú* me has traído hasta aquí, y ahora *esto*? **¿Qué hago, Señor?**"

Estuve así por varias horas más o menos con un sentimiento "empañado" en mi cabeza y corazón. Lo sacudí, y oré otra vez, y esta vez cuando pregunté, "¿Qué hago ahora?" me impresionó por dentro con la pregunta: **"*¿Qué hiciste la primera vez?*"**

Enseguida supé la respuesta. *Siempre* sería la misma: *VUELVE A SU PALABRA.*

Me sentí pegada. Me sentí desalentada. Me sentí frustrada, y no quería "volver a la mesa de dibujo". Quería que fuera fácil de aquí en adelante, y me di cuenta que no podría ser así. Me sentí abrumada, PERO, me refugié de nuevo en Su Palabra, me sumergí en adoración, y me ocupé leyendo los versos de curación de nuevo por mi riñón. También me enojé con el diablo, le dije que no podría impedirme que recibiera curación, y le recordé al diablo del verso en Isaías 54:17. Le respondí al diablo como Jesús le respondió en Mateo 4 y dije, "ÉSTA ESCRITO" y luego cité agresivamente el verso en Isaías 54:17, "Ningún arma forjada contra tí prosperará y condenarás toda lengua que te acuse. Esta es la herencia de los servidores del Señor, y la justicia procede de Mí," declara el Señor. (NIV)

Por todas partes donde aquel verso decía "tú", yo lo leí como "yo" y "mí" para hacerlo más personal. También me enfoqué en Isaías 54:14, 15 con voz alta, "ÉSTA ESCRITO, 'Con justicia serás adornada: estarás lejos de opresión, porque no temerás; y de temor, porque no se acercará a ti. Si alguna conspira contra tí, será sin Mi apoyo; él que contra tí conspire, delante de tí caerá.'" (NIV)

¡Yo necesitaba oír eso, **yo quería que el diablo lo oyera y lo temiera, y quería que mi riñón lo oyera también!** Sí, tenía ganas de llorar, pero de emoción. Tal vez quería llorar, pero a través de las lágrimas todavía podía hacer que mi boca y corazón alcanzaran la Palabra de Dios y la aplicaran como un escudo viviente de Dios en mi nombre, a pesar de mis emociones.

A lo largo de este viaje entero, UNA DE LAS COSAS MÁS VALIOSAS QUE APRENDÍ fue que *mis emociones no tenían nada de ver con mi fe.* A veces me ponía a llorar como una niña pequeña, pero mientas me aferrara a la Palabra de Dios todavía estaría en la fe y **mis emociones no tendrían nada que ver con que Su Palabra fuera o no poderosa o con que trabajara en mí nombre.** ¡Eso fue un alivio de aprender!

Tal vez quería llorar, pero todavía podía hacer que mi boca y corazón alcanzaran la Palabra de Dios y la aplicaran como un escudo viviente de Dios en mí nombre, a pesar de mis emociones.

No estaba en mí "trabajar encima de un sudor y tener la fe suficiente". ¡No, eso es mucha presión! El enfoque era estar *en Él,* no tratar de ser lo suficientemente adecuada o una "gigante de la fe". Contenta o triste, valiosa o temerosa, todavía podría abrir Su Palabra y leerla en voz alta; aún con las lágrimas en mi cara podría abrir mi boca y alabarle, confiando en que Él aseguraría de que Su Palabra produzca, como Él promete que va a hacer (Isaías 55:11). *Mis emociones, las lágrimas, o los temores no podrían disminuir la grandeza y el poder de Dios!*

Me dirigí a una iglesia local otra vez porque estaba tan cerca de mi casa, y sabía que iba a tener acceso fácil al pastor. Durante el servicio del domingo le dije lo que me pasaba...que las radiografías nuevas mostraban "algo" en el riñón izquierdo de nuevo, y el doctor no estaba seguro si el área quizá estaba creando otro tumor. El pastor sugirió que regresara yo a las 5:30 p.m. para la reunión de oración antes del servicio de la tarde. Dijo que yo podría reunirme con los miembros de la iglesia para recibir oraciones. Yo estaba muy agradecida.

¡Mis emociones, las lágrimas, o los temores no podrían disminuir la grandeza y el poder de Dios!

Cuando regresé aquella tarde como sugirió, el pastor me encontró afuera de una sala de clase donde se reunían ellos para orar. Ya había cerca de quince personas. El pastor me las presentó, porque nadie me conocía, ya que yo no asistía a su iglesia a menudo. Sugirió que les contara lo que me había pasado desde aquel 23 de Febrero, hasta hoy en día (ya era Julio, dos meses después de la cirugía del 3 Mayo), y que les contara lo que recientemente había aparecido *otra vez* en el seguimiento de las radiografías.

Compartí con ellos acerca de la Palabra firme de Dios, sin importar las circunstancias. Rápidamente les dije mi historia, y luego dije, "Yo quisiera sus oraciones, pero voy a ser muy específica y decirles que *no* quiero que nadie ponga manos sobre mí, por favor, a menos que ustedes estén muy seguros de la Palabra, y que SÍ es la voluntad de Dios el curar, y específicamente el curarme a mí. ¡No quiero que nadie ore por mí y diga cosas como 'Oh Dios, si fuera tu voluntad que Jackie tenga cáncer, por favor dale la fuerza de soportarlo valientemente para Tu Gloria', porque eso no es orar *la Palabra de Dios*, por lo tanto no es Su voluntad sobre mí!"

"Si ustedes no pueden estar de acuerdo con lo que yo le pido a Dios, lo entiendo, pero por favor no me toquen. Me gustaría que tengan plena libertad para ser honestos con su posición acerca de lo que creen, pero esto es demasiado serio y no puedo tener incredulidad orando sobre mí. Sólo quiero que ustedes me toquen con oración si pueden estar de acuerdo con las promesas de fe y curación de Dios, nada en duda, porque necesito el poder de oración correcto. Jesús dijo, 'Si dos de ustedes están de acuerdo de cualquier cosa, será hecho por Mí Padre que está en el Cielo.' Él no dijo 'esperar' o 'desear, Él dijo 'de acuerdo'.""

El pastor me sonrió, porque estaba acostumbrado a mi audacia. Entonces, para mí sorpresa, salió de la sala, y las personas se quedaron mirándome con ojos grandes. ¡Que Dios lo bendiga por darme tanta libertad!

La gente se me acercó, y solo dos pusieron sus manos sobre mí. Los demás estaban alrededor en un círculo, y muchos de ellos pusieron sus manos sobre las dos personas que pusieron sus manos sobre mí. Sólo dos personas oraron por mí, mientras los otros estaban callados, pero sabía en mi corazón que hacían lo mejor que podían para estar de acuerdo en fe con las dos personas que *sí* oraron. Fue muy especial, y muy honesto ante uno y otro y Dios.

Una de la personas que oraron dijo simplemente, "Señor, Usted ve la fe de esta mujer. Haga por ella lo que pide y cree." Eso me golpeó al corazón porque era como la Escritura.

La otra persona dijo, "Señor, estoy de acuerdo con esa oración, y confiamos en que Usted es fuerte por Jackie y que honrará Su propia Palabra."

¡Yo estaba encantada, y sabía que eso era todo lo que se necessitaba, porque Jesus enseñó que si dos o más personas se ponen de acuerdo en oración su oración será contestada!

Abracé a mucha gente y les dije que muchas gracias por permitirme la libertad de derramar mi corazón, por ser tan directos cuando ni siquiera me conocían, y por su amor y gracia de orar por mí y mostrarme bondad.

Mientras yo caminaba a mi coche, dos personas me alcanzaron rápidamente y dijeron "¡Nunca hemos oído a nadie hablar o pensar como tú! ¿Como aprendiste a ser tan agresiva en tu confianza en la Palabra de Dios?"

Yo habitualmente le pedía a Dios que me diera santa audacia para creer en Su Palabra

---

Compartí un poco de mis antecedentes sobre como

aprender la Palabra, y los animaba a dedicarse a estudiar agresivamente las Escrituras diariamente para que pudiera producir fruta poderosa en su propia vida. También les dije que yo habitualmente pedía a Dios que me diera santa audacia para creer en Su Palabra, para que pudiera honrar a Cristo lo más posible en la forma como pienso y creo. Pasamos un momento agradable, animándonos unos a otros y hablando sobre Dios. Fue maravilloso y significó mucho para mí.

Dentro de dos meses más las sombras que se habían presentado en mi riñón izquierdo habían desaparecido. ¡Gracias Señor!

Referencias de Las Escrituras – Capítulo 10

Isaías 54:17   Ninguna arma forjada contra mí prosperará
Isaías 54:14, 15...el terror estará lejos de mí...
Isaías 55:11 Su Palabra produce dondequiera está enviado

*   *   *

CAPÍTULO 11

Su Poder No Tiene Límites

*"Porque los ojos de Jehová recorren por toda la tierra,
y está listo para ayudar a quienes le son fieles.*
2 Crónicas 16:9 (NIV)

Los doctores estudian y se dedican a llevar curación por medio de la medicina. Son personas dedicadas intensamente. Hacen lo mejor que pueden para alcanzar los retos médicos y hallar respuestas para el bienestar de las personas. Ellos definen los hechos médicos.

Yo estaba aprendiendo que el poder de la Verdad (la Palabra de Dios) es más grande que los circunstancias. La Verdad de Dios tiene el poder de reemplazar los hechos médicos. Los hechos están sujetos al cambio, pero la Verdad es eterna y firme.

La mejor manera en la que puedo trasmitir lo que estoy diciendo es trazar un paralelo, utilizando el ejemplo de GRAVEDAD contra la ley de SUSTEN-

TACION. La gravedad es un "hecho" científico y se considera una ley natural. Por eso se llama la *LEY* de Gravedad. Es un hecho para siempre. ¡La Ley de Gravedad está en efecto 100% del tiempo en la tierra! Ningun pensamiento deseoso hará que la Ley de Gravedad desaparezca. El decir que no está allí, (negación) no hará que desaparezca tampoco. Nada de eso tiene el poder o la sustancia.

La Verdad, el Poder, y la Palabra de Dios son como la Fuerza de sustentación.

Cualquiera que tenga una licencia de piloto o que entienda de física aerodinámica sabe que hay un principio conocido como la Fuerza de Sustentación que *puede* y *de hecho* sobrepasa (o domina) la Ley de Gravedad. La Fuerza de Sustentación *siempre estuvo allí*, esperando a ser utilizada. ¡El Creador enseñó a los pájaros lo que los hermanos Wright tuvieron que descubrir! ¡Estuvo allí todo el tiempo!

La Fuerza de Sustentación reemplaza a la Ley de Gravedad cada vez que un avión despega desde el suelo para tomar vuelo con éxito. Aún estando irresistible-mente presente como lo está la gravedad, ésta puede ser reemplazada, o dominada, por un principio mayor – una fuerza *mayor* en la física. La Palabra de Dios, el Poder, y la Verdad son como la Fuerza de Sustentación.

Cosas que llamamos sobrenaturales (la curación, por ejemplo) son normales para Dios. En Su Palabra, Él siempre nos invita a "levantarnos" en nuestro pensamiento y entendimiento (lea Isaías capítulo 55,

AMP). La Escritura dice que Él es la Luz. Cuando le perseguimos a través de Su Palabra, Él está más que dispuesto a "iluminarnos" acerca de Sí Mismo.

Los hechos médicos de mi caso eran como la gravedad: muy real – pero el poder de la Palabra de Dios estaba creciendo en mi entendimiento y recibí la revelación de que la VERDAD de Dios y Su Palabra eran como la Fuerza de Sustentación – podía sobrepasar la 'ley de gravedad' o los hechos médicos de mi caso. Podía reemplazarlos e iba a reemplazarlos.

Manterse En Fe Durante El Tratamiento Médico

Cuando uso el término "sujetalibros", es una palabra que inventé para la imagen visual que veo cuando trato de CONSEGUIR EL PODER DE CURACIÓN DE DIOS. Cuando me enfrentan los problemas médicos, o necesito la ayuda médica de mi doctor, veo la ayuda médica como una parte de un juego de sujetalibros, y las Escrituras y "La Espada del Señor", que es Su Palabra, como el otro lado del juego de sujetalibros.

Otro modo de describir esto es levantar su mano derecha y llamarla la Palabra de Dios, levantar su mano izquierda y llamarla ayuda médica. Ahora, con las palmas frente a frente, ponga sus manos juntas. Tus manos son como un juego de sujetalibros, encontrándose en el centro. Cuando digo que resuelvo el asunto como un "sujetalibros," me refiero que la necesidad física está en el centro, y "la golpeo por ambos lados" para satisfacer la necesidad.

Me valgo de la ayuda médica si la necesito, pero

entiendo que DIOS, MI FUENTE, ha sido amable de ponerla a mi disposición para mi uso y provecho. Es Dios, no el personal médico, quien es mi Fuente de poder todo el tiempo. Por ejemplo, puedo tomar medicina, pero ¿QUIÉN ayuda a las células a responder? Los doctores pueden cortarnos abiertos y cosernos juntos pero ¿QUIÉN enseña a las células a coserse juntas para que no se nos salgan nuestras tripas? **Su PALABRA es como la Fuerza de Sustentación que me lleva a Sus respuestas que se han cumplido en mi nombre**, pero mientras espero en Él también tengo la libertad completa para obtener asistencia médica y no flaquear dentro de mi misma pensando que no "tengo fe". Cada pedacito está enmarcado por la confianza en Dios, Su Palabra, y Su bondad.

HUBO UN DÍA EN MI SALA DE ESTAR CUANDO NECESITABA AYUDA para obtener fe de la Palabra.

Yo estaba desalentada, así que estaba orando y adorando, y dije al Señor, "Señor no hay nada más grande que un Jesús crucificado, levantado por Su Poder."

El pensamiento me volvió rápidamente, "Sí, hay."

Me asombró. Me pregunté si eso no era de Dios, sino del enemigo. No parecía que Dios me diría algo así.

Dije, "¿Señor?" Lo que flotó después en mi corazón me sorprendió.

"Lee Ezequiel 37. Jesús había estado muerto por tres días, pero *todavía Su cuerpo estaba intacto.* **¡Quiero que comiences a darte cuenta de con QUIÉN estas tratando!** *Yo soy mucho más grande de lo que aún te*

***das cuenta.* "**

Abrí mi Biblia y estudié Ezequiel 37. Este es un relato asombroso de un profeta al que se le mostró un valle gigante lleno de huesos de guerreros caídos. Los huesos habían estado allá por tanto tiempo que fueron esparcidos al azar por todo el lugar y fueron blanqueados completamente blancos. El profeta preguntó al Señor acerca de los huesos, y una interacción asombrosa empezó entre él y el Señor.

Dios le preguntó al hombre, "¿Pueden vivir estos huesos?" (¡Que ciertamente parecía como una cuestión ridícula!)

El profeta asombrado contestó, "Oh Señor Dios, Tú lo sabes."

(Supongo que quería decir, "¡Claro que no!", pero tenía el buen sentido de entender que estaba en la presencia del Todopoderoso, Cuyo poder es sin límites. ¡Pienso que su respuesta fue breve, segura, y muy sabia!).

Dios es más grande de lo que nos damos cuenta.

Después de que el profeta contestó, "¡O Señor Dios, Tú lo sabes!" Dios le dijo que *hablara las Palabras de Dios* a las circunstancias para que algo sucediera. La clave es pensar que *Dios* no habló a las circunstancias; ¡Él dirigió *al hombre* para que las hablara!

> *La clave es pensar que DIOS no habló a las circunstancias; ¡Él dirigió al <u>hombre</u> para que las hablara!*

Ezequiel 37:4-7 dice, "Entonces me dijo, Profetiza sobre estos huesos y diles, "¡HUESOS SECOS, ESCUCHEN LA PALABRA DEL SEÑOR! Así ha dicho el Señor Jehová a estos huesos: He aquí, yo hago entrar espíritu en ustedes y vivirán. Y les pondré tendones y los cubriré de piel; y pondré en ustedes espíritu, y vivirán; así sabrán que Yo soy Jehová.' Profeticé pues, como me fue mandado...." (NIV)

Dios le dijo al profeta, "*Di a* estos huesos secos '¡Vive!'"

Cuando empezó mi jornada, Dios me dirigió a hablarle A mis riñones y decirles "Escuchen, reciban, y obedezcan la Palabra del Señor Viviente Quién los ha creado", y luego yo leía las Escrituras sobre curación (las palabras del Señor Jehová) a mis riñones varias veces al día.

¡Me estaba dando cuenta de que lo que Dios *me* dijo que hiciera con respecto a mis riñones, estaba más ligado a las Escrituras de lo que yo pensé! Me imaginé que si Jesús le hablaba a las cosas (la higuera, el viento, las olas, el mar, y los muertos) era razonable que el Espíritu Santo me dirigiera a hacer lo mismo. ¡En el momento en que Él estaba dirigiéndome a hacer esto, yo ni siquiera estaba consciente de Ezequiel 37, por lo tanto no me di cuenta de que yo estaba haciendo algo que Él ya le había instruído a un profeta que hiciera, hace más de 3.000 años frente a circunstancias imposibles!

Yo me dirigí a Ezequiel 37 porque me había sentado en mi sofá tratando de alentarme para adorar a Dios, y porque había dicho, "O Señor, no hay nada más grande que un Jesús crucificado levantado por Tu poder." El Señor quería hacerme consciente de algo aún "más allá de la imposibilidad" de Cristo levantado después de haber muerto en la tumba tres días. **Dios estaba "conectando los puntos" a mi entender otra vez para mostrar lo extraordinario que Él es.**

Mientras oraba y buscaba al Señor para que mi fe fuera fortalecida tras otro resultado desalentador, Él sorprendió mi corazón con, **"¡Yo quiero que tú comiences a entender con QUIEN estás tratando y qué tan poderoso Soy Yo!"** *A través de las Escrituras Él quería que yo entendiera con asombro y que viera que tan grande es el alcance del Señor y que tan ilimitado es Su poder.*

¡La magnitud de lo que Dios logró en Ezequiel refrescó mi fe otra vez para entender que cualquier informe médico que yo enfrentara no iba a impedir a Dios!

¡Reflexioné en la magnitud de lo que Dios logró en Ezequiel 37 y mi fe fue refrescada otra vez para entender que cualquier informe del doctor que yo enfrentara no iba a impedir a Dios!

Las Escrituras definen a Jesús como LA PALABRA en

Juan 1:1 y en Revelación 19:13 también. En II Crónicas 16:9, las Escrituras nos dicen que los ojos de Dios contemplan toda la tierra, para mostrar Su poder a favor de los que tienen corazón perfecto para con él.

El corazón generoso, misericordioso y cariñoso de Dios busca gente que crea en Su Palabra y hable lo que Él habla, para que así estemos de acuerdo con Él, no confiando en nuestros propios pensamientos. Dios nos enseña expresamente en el libro de Proverbios 3:5-8 (AMP) a no depender de nuestro propio entendimiento, sino debemos confiar en, depender de, y tener la confianza en Él. *¡HACER esto será SALUDABLE para nuestros cuerpos!* (Proverbios 4:20-22).

Dios busca gente que crea en Su Palabra y hable lo que Él habla, para que estemos de acuerdo con Él, no confiando solamente en nuestros propios pensamientos.

HEMOS SIDO AUTORIZADOS POR CRISTO para utilizar el nombre de Jesús, con toda humildad y oración, hablando la Palabra de Dios con nuestro corazón lleno de fe y confianza en Él. Hay que copiar el ejemplo del Señor en todas las cosas: aún Su autoridad, porque nos dijo que *Él* nos lo autorizó. El Centurión en los evangelios había captado esto, entendiendo que la palabra de Jesús tenía autoridad. El Centurión dijo a Jesús que hablara *sólo la palabra* y supo que su sirviente sería curado. ¡Entendió que las palabras de Jesús podían viajar a través del tiempo y el espacio para hacer algo a causa de Su unción! Jesús comendó la fe del Centurión, diciendo que Él no había visto tanta fe en todo Israel (¡en referencia a Su propio pueblo que *debería* haber sabido y entendido quien Él era!).

¡Hice todo lo posible para obedecer y copiar Su Palabra, y he visto Su gloria y misericordia! **Lo que Dios ha hecho por mí, está más que dispuesto a hacer por usted.**

Hay mucho que entender sobre la Palabra de Dios, recibir la curación, y el poder de creer y orar *SUS palabras ungidas* en lo que parecen ser circunstancias imposibles, como es ilustrado en Ezequiel 37. Dios es poderoso y Él hace lo que se ha propuesto lograr. *Su Palabra y Su Voluntad no se contradicen una a otra.*

CONFORME VOY APRENDIENDO y estudio la Palabra de Dios y Su fidelidad, me acuerdo de una mujer hermosa en un grupo de estudio Bíblico que ha tomado una posición en la Palabra de Dios sobre la curación. Ella está constantemente aprendiendo sobre la palabra y aumenta su habilidad de aplicar la Palabra de Dios a su batalla contra el cáncer. Ha visto, personalmente, la fidelidad de Dios y ha tenido muchas victorias durante varios años.

Un día ella y yo estabamos entrando a la casa de nuestra anfitriona de estudio Bíblico y ella me dijo muy emocionada, "¡El doctor dice que mis tumores se han encogido y son más pequeños!" Le di un abrazo muy fuerte y le dije que era maravilloso... aunque sus palabras se sentían como una patada en mi espíritu. (Sabía que aquella "patada" era para coger mi atención y ayudarla más tarde esa noche.)

Esperé toda la tarde hasta que llegara un buen

momento para aconsejarle que no debería "poseer" verbalmente los tumores cancerosos como *suyos* al llamarlos *"mis* tumores*"*. (El diablo está buscando en los detalles para atacarnos. ¡Las palabras accidentales de muerte son como balas que están autorizadas a ser utilizadas en contra nuestra!)

Volviendo a Ezequiel 37 por un momento, incluso miles de años atrás, mientras mostraba Su poder inconmensurable y asombroso de HACER lo que *nosotros* calificamos "imposible", Dios estaba decidido a enseñar Su lección a un hombre "**¡Habla MIS PALABRAS" y ve lo que pasa!**" *Este es un tema con Dios,* no una moda de hoy en día o un movimiento.

Dios está tratando de enseñar a un hombre "¡Habla MIS PALABRAS" y ve lo que pasa!" Este es un tema con Dios, no una moda de hoy en día o un movimiento.

Efesios 5:1 nos dice que tenemos que ser imitadores de Dios del mismo modo que un niño imita a sus padres. Necesitamos estar llenos de la Palabra de Dios y como *Él* Piénsa (Romanos 12:2) para que sea un hábito tan natural como el respirar para reconocer y notar palabras y pensamientos que no son paralelos a los modos de pensar de *Dios*.

Como discípulos Suyos, *¡se nos enseña a hacer exactamente eso!* Se nos enseña, literalmente, a capturar estos pensamientos que no honran a lo que Dios dice, trayéndonos a la obediencia en Cristo. Al obedecer II Corintios 10:5. **¡Esa disciplina sabia nos *protegerá*!** Esto nos impedirá el mal uso nuestras palabras.

Dios es un Dios de Palabras. Él lo creó todo con palabras. Hebreos 11:3 dice que "por la fe entendemos que el universo fue formado por la Palabra de Dios." Somos formados en Su imagen y semejanza (Génesis 1:26) y somos la única parte de Su creación bendecida con el poder de discurso y razonamiento cognitivo. *¡Las Palabras son importantes*, y por lo visto, más importantes de lo que nos hemos dado cuenta, porque ciertamente son importantes para nuestro Señor!

Volvamos a hablar de cuando yo estaba compartiendo con la mujer y el grupo de estudio Bíblico después de que me había dicho "mis tumores se han reducido"...

Dije, "¿Por qué no dar a Dios la alabanza por la reducción de los tumores y decir, "LOS tumores se han reducido por el poder de Dios" en vez de decir *"Mis* tumores?"".

Le dije que el Espíritu Santo me estaba enseñando sobre los detalles. Dije, "Si algo no está de acuerdo con la Palabra de Dios y con Su Voluntad para mí, no lo quiero y no lo llamo mío." Tan pronto como le dije eso, ella ya podía "verlo" y se animó sobre la diferencia.

Si algo no está de acuerdo con la Palabra de Dios Y Su Voluntad para mí, no lo quiero y no lo llamo mío.

Unos momentos después alguien en el grupo dijo, "Sólo tenemos que orar para que entre en remisión su cáncer".

¡Zas! Dentro de mí se levantaron palabras que yo sabía vinieron del Señor: "¡No! ¡No es *su* cáncer! **Jesús no**

se lo dio, así que ella no tiene que tenerlo. Jesús pagó caro por ella para que tuviera *curación*, y para *protegerla y liberarla* de toda enfermedad. ¡No es *su* cáncer en absoluto!"

Luego otro pensamiento surgió con más fuerza en mi espíritu. Dije, "De hecho, *la remisión no es suficiente*. Cae muy por debajo de lo mejor de Dios. **¡La Escritura NO dice, "Por Sus heridas entraréis en la remisión"**, sino más bien, **"Por Sus heridas fuisteis *curados*!"**

¡Los pensamientos me seguían llegando y dije, "Orar para estar en *la remisión* es en realidad para *dar al cáncer permiso para quedarse*, y eso no es aceptable!

"La remisión todavía da al cáncer *un lugar*, una oportunidad para ser inactivo, que significa que tiene licencia para despertarse y destruir otra vez. ¡NO! Jesús no sufrió por algo como eso. Él sufrió para proporcionarnos la curación completa y la totalidad si nos atrevemos a alcanzarlo, recibirlo, y tomarlo. Él nos ama demasiado para que nosotros pensemos de esa manera. Recibir el impacto completo de Su sacrificio Lo glorifica y Lo honra."

Jesús sufrió para proporcionarnos la curación completa e integridad si nos atrevemos a alcanzarlo, recibirlo y tomarlo.

Todos en la sala entendieron la idea de estar seguro de que estábamos de acuerdo con la Palabra de Dios y no la diluimos accidentalmente con nuestras percepciones. Lo que estábamos aprendiendo ahí mismo "en vivo desde los Cielos," nos entusiasmó en ese momento.

Esa era una sala de personas que querían la Palabra de Dios y tenían hambre de conocer a Dios íntimamente. EL ESPÍRITU DEL SEÑOR ESTABA REVELANDO QUÉ SUTIL ES EL ENEMIGO buscando maneras para agotar nuestra fe para que no obtengamos las bendiciones *completas* de Dios. Si Satanás puede robarnos de los detalles más pequeños, lo hará. Si nos puede sorprender con nuestras propias palabras contra nosotros como su autorización para atacar o socavarnos, u obstaculizar nuestras oraciones, lo hará.

¡Las palabras accidentales son como balas que están autorizadas para ser utilizadas contra nosotros! Jesús Mismo nos advirtió acerca de las palabras descuidadas.

No nos sorprende que Dios dice en Oseas 4:6, "Mi pueblo es destruído por su *falta de conocimiento*" (¡*no* porque es Su voluntad!)

Incluso, cuando el diablo tentó a Eva, trató de socavar el poder de la Palabra de Dios en la vida de ella, sembrando duda y diciendo "*¿Ha* dicho Dios...?"

Cuando estudiamos el relato en Génesis, es interesante notar que Eva citó erróneamente al diablo lo que Dios había dicho. *¡Hubiera sido mucho mejor si ella hubiera recordado exactamente lo que Dios había dicho*, y luego hubiera sido hacedora de Sus Palabras, eso es cierto!

Por eso necesitamos orar al leer cada verso de curación y pedir humildemente a Dios,

"Dios, por favor enséñame lo que quieres decir en este verso desde *Tu* propia perspectiva. No me dejes ser tan religiosa que sea embotada o torpe. ¡Abre mi entendimiento para recibir Tu grandeza, Tu poder y provisión! Por favor elimina cada pedacito de incredulidad que haya en mi manera de pensar, si soy consciente de ello o no."

¡Esto le da honor a Dios y Él *responderá* a esa oración! ¡Oramos por esa mujer aquella noche, y luego de un par de semanas los tumores dentro de su cuerpo habían desaparecido al 100%! Observe como he dicho eso. No he dicho, "*sus* tumores habían desaparecido." En nuestras reuniones bimensuales estuvimos de acuerdo en seguir presionando con la fe y la oración para empujar más allá de creer que el cáncer estaba en remisión, sino que estábamos pidiendo para que pudiera ser erradicado por completo, para no volver jamás.

Compartí con ella como el Señor me había enseñado a tratar cualquier célula cancerosa en mi cuerpo como una célula rebelde. Si trataban de vivir en o tener dominio de mi cuerpo, tendrían que irse:

"¡Células cancerosas, en el Nombre de Jesús, no pueden utilizar mi cuerpo como anfitrión para rebelarse contra el Señor que me creó! Quiero que todas mis células estén de acuerdo con la Palabra de Dios. Células, escuchen y obedescan la Palabra de Él Que los diseñó – multiplíquense a la velocidad que *Él* manda. Paren de multiplicarse rebeldemente a vuestro propio ritmo, en vez de eso encójanse, y mueran desde la raíz, y desaparezcan, sin tomar ninguna de mis células sanas."

Dios *puede* y *está dispuesto* a curarlos a usted
también. Lo que Él ha hecho por mí, lo hará por usted.

Dios puede y está dispuesto a curarlos a usted también.
Lo que Él ha hecho por mí, lo hará por usted.

Esto me recuerda otro momento notable en el cual fuí
testigo de Su misericordia y poder increíble en la vida de
alguien. Conseguí verlo a Él cumplir la Escritura
directamente del libro de Los Hechos – he apodado este
cuento de Su mano poderosa "El Incidente del Osito de
Peluche."

El incidente del Osito de Peluche

Hace unos años oré por una jovencita que encontré en
un centro de recuperación mientras daba ministerio.
Cuando la vi entrar en el centro, ella demostraba un
comportamiento que los doctores llaman locura. (Le
pregunté a Dios sobre esto y mi corazón quedó
impresionado con la idea de que había un montón de
demonios dentro de ella: por eso estaba echando espuma
por la boca, chillando, y pataleando tanto).

Los médicos la sometieron a drogas y lazos de
restricción, etc. Cuando le pregunté al personal acerca
de ella, dijeron que su familia les dijo que había estado
así por unos meses, cada vez peor. La noticia me puso
triste. Nunca había visto nada como eso. Gritaba como
un animal torturado.

Comencé a orar por ella el primer día que entró al
centro. Basado en lo que he visto a Dios hacer por la
gente en los relatos bíblicos, *yo sabía que si me atrevía*

a pedir al Señor, Él estaría dispuesto a ayudarla y liberarla.

Los siguientes son tres conjuntos de Escritura que yo confiaba que Dios respaldaría con Su poder a ayudarla:

Mateo 14:35, 36, "Cuando lo reconocieron los habitantes de aquel lugar, enviaron noticia por toda aquella tierra alrededor, y le trajeron a Él todos los enfermos, y le rogaban que les dejase tocar solamente el borde de Su manta. Todos lo que tocaron quedaron sanos."

Actos 19:11, 12, "Y hacía <u>Dios</u> milagros **extraordinarios** por mano de Pablo, de tal manera que aún se llevaban a los enfermos los paños o delantales de su cuerpo, y las enfermedades se iban de ellos y los espíritus malos salían."

Hechos 5:14-16, "Y los que creían en el Señor aumentaban más. Era tal la multitud de hombres como de mujeres, que sacaban los enfermos a las calles y los ponían en camas y lechos, para que al pasar Pedro a lo menos su sombra cayese sobre algunos de ellos. Y aún de las ciudades vecinas muchos venían a Jerusalén, trayendo enfermos y atormentados de espíritus inmundos, y todos eran sanados."

¡La bondad de Dios y Su buena voluntad no han disminuído a través de las generaciones!

Oré para tener dirección acerca de lo que debía hacer por esa chica. ¡Me vino la idea de traerle un osito de peluche que yo tenía y dárselo, pero ANTES orar las promesas de Dios en estos versos especiales sobre aquel osito!

Con fe puse las manos sobre el oso de peluche, y **pedí y confié que el poder ungido de curación y liberación de _Dios_ fueran transferidos _a_ la tela del oso cuando orara sobre él según Su Palabra.** (¡Noté en el libro de Hechos que Él había enviado Su unción en paños para ponerle a la gente, yo sabía que la cuestión no era qué tipo de tela! ¡La cuestión era Su misericordia y poder!)

Algunos podrían pensar, pero ¿cómo sabe usted _que_ Él hará eso? ¡Porque las Escrituras me dicen que Dios es el mismo ayer, hoy, y para siempre, así que fue lógico suponer que Él la ayudaría también! Recuerde, cuando el hombre se acercó a Él para que lo ayudara, Jesús le dijo "_Yo estoy dispuesto._" ¡La bondad y buena voluntad de Dios no han disminuido tras las generaciones!

Le pedí a Dios que hiciera lo que le vi hacer en las Escrituras. Después de orar sobre el osito, me metí en su cuarto, acercándome con cuidado para darle el oso de peluche. Ella dejó escapar gritos que casi me hicieron saltar fuera de mi piel, lo tomó como un animal salvaje, y procedió a escupir sobre él y morderlo, pero también a apretarlo. ¡A decir verdad, eso me asustó!

Cada día que iba a la facilidad, la veía para ver lo que Dios iba a hacer. Nadie podía aflojar ese oso de sus manos. ¡Se aferró a él constantemente! Hora tras hora fue volviendose más pacífica, más tranquila, y luego de cuatro días ella estaba completamente en sus cabales. Los doctores estaban asombrados. Yo sabía que había sido testigo de una demonstración de la fidelidad de Dios. ¡Yo conseguí ver más "Hechos" del Espíritu Santo!

De hecho, Dios se hizo cargo de ambas. Yo nunca había visto nada como lo que estaba observando en esa chica, e ¡hizo que el pelo en la parte de atrás de mi cuello se levantara! Daba miedo y yo era completamente inexperta en orar por alguien así. Esa chica me hubiera agarrado o me hubiera escupido si yo hubiera tratado de acercármele con mi Biblia o hubiera tratado de tocarla y orar por ella...y por eso estoy segura de que Dios me dió el "**Plan de Oso Peluche**".

¡Fue una manera práctica e inusual para satisfacer la necesidad del momento, para que *Él* pudiera entrar ahí y tener la gracia para liberarla y curarla, y protegerme al mismo tiempo! **Los Hechos 19:11, 12 dice <u>Dios</u> hizo cosas *inusuales* por medio de las manos de Pablo.** ¡De igual manera Él estaba dispuesto a hacer algo inusual por la unción de la tela de un oso de peluche para ayudar a una niñita en una facilidad moderna en respuesta a una oración!

El hecho inquebrantable de edad en edad es esto:
¡Dios siempre está dispuesto a mostrar su fidelidad a
cualquiera que se atreva a creer en Él!

¡DIOS SABÍA que ella tendría que agarrar el oso de peluche y no soltarlo! Mientras lo hacía, *Él honró mi petición de que* Él pusiera Su poder curativo en el oso de peluche. Todo el tiempo que ella apretaba el osito, Dios estaba transmitiendo Su misericordia y poder en ella, trataba con todas las cosas que *Él sólo* tenía la sabiduría de saber – ¡cosas que yo nunca habría sido capaz de adivinar! Lo vi liberarla y librarla. Su familia y los doctores se sorprendieron. Dios es siempre fiel, lleno de compasión, y no cambia nunca. ¡El hecho inquebrantable es esto: de edad en edad, Dios siempre está dispuesto a mostrar Su fidelidad a cualquiera que se atreva a creer en Él!

¡Él es muy creativo a veces! Fue un día precioso el día que la ví salir del hospital con buena salud, sin la necesidad de medicamentos, pacíficamente restaurada con sus seres queridos. De veras, otra vez Él había mantenido Su Palabra para que prosperara a lo cual fue enviada (Isaías 55:11).

Referencias de Las Escrituras – Capítulo 11

Isaías 55   ...subir a Sus maneras...
Ezequiel 37   asombroso poder de Dios...
Ezequiel 37:4 Dios dice "habla mis palabras"...
Juan 1:1   ...con Dios, y la Palabra era Dios......
Rev. 19:13   ...Su Nombre es la Palabra de Dios...
II Crónicas 16:9   Dios busca...a ser fuerte por...
Proverbios 3:5-8   ...depende en/confía en Dios...
Proverbios 4:20-22 ... Su Palabra...nos cura...
Efesios 5:1   ...ser imitadores de Dios...
Romanos 12:2 ser transformado refresca tu mente...
II Corintios 10:5   coge pensamientos, obedezca...
Hebreos 11:3   ...mundos formados por Su...
Génesis 1:26   somos formados en Su imagen...
Oseas 4:6   gente destruido..falta de entendimiento
Mateo 14:35,36   borde tocado...eran curados...
Hechos 19:11,12   tela...unción...curado...
Hechos 5:14-16   ...¡Dios unge una sombra!
Isaías 55:11   Él produce con Su Palabra

*   *   *

CAPÍTULO 12

Diseñado para Ser un Vencedor

"...somos más que vencedores por medio de Aquél que nos amó."
Romanos 8:37 (NKJV)

Dios NOS DISEÑÓ A SER VENCEDORES y poderosos, no víctimas de nuestros malos hábitos. La curación puede llegar por medio del ser corregido. Ninguno de nosotros puede cambiar o arreglar algo de lo que no estamos conscientes. La Escritura no dice que el Espíritu de Dios es solamente un ayudante, sino que Él también es un Corrector, Consejero, Maestro, y Guía.

A veces nos ponemos en desventaja con la actitud de que solo estaremos abiertos a ser corregidos sobre lo que *nosotros* hemos definido como pecado en nuestra vida, pero no queremos ser corregidos o tener cualquier *otra* responsabilidad con Dios. Él nos puede sorprender con lo que le gustaría abordar en primer lugar en nuestra vida.

Quizás hay un temor que nos come por dentro, una ansiedad generalizada que está secretamente con nosotros todo el tiempo.

Tal vez no queremos que Dios se meta en la forma en que gastamos dinero compulsivamente, en cómo comemos, en si hacemos o no ejercicio, etc. ¡Sé que he luchado en desarrollar cualquier consistencia en estas áreas! Tal vez no querramos que Dios se meta con lo que contaminamos nuestro corazón y mente como la televisión o la internet, o si hemos desarrollado un hábito de nicotina o de glotonería o drogas o de beber. Afrontar a estas cosas puede hacernos sentir incómodos. Una cosa sé, sin embargo, es que los "pequeños empujones de corrección" de Dios nunca son para menospreciarnos o condenarnos. *Él no es así.* Estos empujones vienen para protegernos y ayudarnos, si escuchamos.

Declaré, "Tal vez no queremos *permitir* que Dios se meta..." Eso indica dos cosas: (a) estamos utilizando nuestro poder personal para tratar de ser resistentes y cerrados a ser corregidos, y (b) nos falta el espíritu necesario de cooperación con que Dios puede trabajar.

Estos empujones que nos vienen son para protegernos y ayudarnos, si escuchamos.

Jesús dijo en Juan 8:31, 32, "Si vosotros *permanecieriés en Mi Palabra*, seréis verdaderamente Mi discípulos, y conoceréis la verdad, y la verdad os hará libres." El Espíritu de Dios no quiere solamente guiarnos a la verdad *espiritual* y detenerse allí. ¡Estas verdades están específicamente diseñadas para penetrar *en todas las áreas prácticas* de nuestra vida! ¿De qué otra manera vamos a caminar en la vida abundante y estar completamente vivos, sanos y benditos como Dios quiere?

En Juan 14:26, Jesús nos dijo que el Espíritu Santo nos iba a enseñar *"Todas las* cosas" y traer a nuestra memoria lo que Jesús enseñó y dijo. La Escritura dice que debemos ser devotos a la sabiduría y la santidad de Dios espiritualmente, y *también* se nos dijo que debemos ser pragmáticos, caminar en Su sabiduría, e incluso *dar nuestros propios cuerpos a Él*. Me gusta especialmente la escritura de Romanos 12:1-3 como lo explica en un lenguaje contemporáneo el mensaje de La Biblia, "Así que aquí está lo que quiero que tú hagas, con la ayuda de Dios: Lleva tu vida cotidiana, vida ordinaria — tu vida de dormir, comer, ir-al-trabajo, y de caminar alrededor — y colócala delante de Dios como una ofrenda. Abrazando lo que Dios hace por tí es la mejor cosa que puedes hacer por Él. No estés tan adaptado a tu cultura que cabes en ella sin siquiera pensar. En lugar de eso, fija tu atención en Dios. Serás cambiado de adentro para afuera. Reconoce fácilmente lo que Él quiere de tí y respóndele rápidamente. A diferencia de la cultura que te rodea, que siempre te arrastra hacia bajo de tu nivel de inmadurez, Dios saca lo mejor de tí, desarrollando una madurez bien formada dentro de tí."

Si lo dividimos por meditar en ello, prestando atención a todas las capas de lo que se dice, vamos a ver que tan profundo es. Observa lo siguiente:

Habla de *nosotros* tomar la decisión de participar con

Dios en nuestra vida cotidiana. Es una decisión de dedicación el participar responsablemente. ¡Una decisión a ser dedicado, viviendo cada día como una ofrenda de amor a este Dios maravilloso! Es una decisión de saber sobre Su Palabra y de agradarle a Él (¡lo que significa estar de acuerdo con los pensamientos y las maneras de Dios, dejando ir todos mis *pensamientos contrarios*!). Es muy práctico. Cuando pienso en todo lo que Él ha hecho por mí y me ha proveído, ¿porque no querría vivir yo de esa manera? Vivir de esta manera traería sin duda una curación relacional real a muchas familias.

También Él quiere que entendamos la maravilla de nuestro cuerpo como dice en Salmo 139. Dice que somos estupendamente y maravillosamente creados. ¡Somos una maravilla! *Dios quiere que entendamos el impacto amplio de Su Palabra, diciéndonos que nuestros cuerpos son Su templo.* Ciertamente yo era culpable de no vivir en esa sabiduría por la forma en que trataba la comida basura con azúar. ¡La obesidad y la diabetes (por lo menos un alto porcentaje de la misma) se reducirían considerablemente si nos comprometiéramos a HACER lo que la Palabra nos dice sobre nuestros cuerpos!

Me dí cuenta de que tenía que pedir también el "querer ser libre" para así caminar dispuesta y cooperativamente en el poder que Él estaba dándome.

Cuando tomé la decisión de ceder a las convicciones sobre el chocolate y otros hábitos malos de alimentación que había practicado por más de la mitad de mi vida, recé y pedí a Dios que me ayudara y me liberara. Al principio le pedí Su ayuda, la cual me dio, pero siempre *volvía* a los malos hábitos.

Entonces me dí cuenta de que *tenía que pedir también ser libre* para así caminar dispuesta y cooperando en el poder que Él estaba dándome. ¡Un verso me vino a la mente era *tan específico* que me sorprendió! En Proverbios 23:1-3 dice, "cuando te sientes a comer con algún gobernante, considera bien lo que está delante de tí y pon cuchillo en tu garganta si tiendes a darte al apetito, no codicies sus manjares delicados, porque es *alimento engañoso.*" ¡BAM! ¡Qué claro era eso para mí – sí el chocolate es, sin duda, un alimento engañoso!

Esto demuestra que tan específico y detallado será Dios en Su aplicación de Salmo 107:20 en nuestras vidas: "Él envió Su Palabra y los curó." ¡No hay detalle de que Él no quiera llevar SU MANO CURATIVA *y Su sabiduría de curación* para ponernos en libertad!

Para mí, eran mis hábitos de comer. En mi caso, comer grandes cantidades de chocolate durante muchos años tomó un peaje en mi cuerpo, y desde el descubrimiento de la masa en mi riñón, he tenido que repensar la manera en la que comí todos los años anteriores.

¡No hay detalle en que Él no quiera llevar SU MANO CURATIVA para liberarnos!

¡Mi consumo de chocolate era tan ridículo que si no tenía mi dosis diaria mis manos temblaban como un alcohólico que necesita un trago! ¡Sí, en serio! Buscando a Dios para que me diera la fortaleza para superar una adicción verdadera al chocolate, empecé a entender todas las maneras *psicológicas en las* que yo era adicta al chocolate – comenzando con las tradiciones de la niñez y de la familia.

Algunas personas podrían decir, "¿Por qué Dios permitiría que creciera una masa en tu riñón si Él es tan bueno?" Bueno, necesito ser completamente honesta aquí y admitir que muchas veces recibí "codazos" callados dentro de mí para dejar de comer inadecuadamente.

Recibí esos codazos en repetidas ocasiones durante *años* antes de descubrir el tumor y la posibilidad de tener cáncer. ¡No había estado dispuesta ni a prestarles atención ni a cambiar!

¡Dios estaba tratando de CURARME EN UNA MANERA PREVENTIVA Y PROTECTORA, pero yo no escuchaba! Yo sabía que era la Sabiduría llamándome, pero yo no quería conectarlo a Dios. Yo no escuchaba, prefiriendo ignorar esos codazos para que pudiera continuar con mi capricho. ¡Ay! ¿Ha estado recibiendo codazos sobre cualquier cosa que usted elige ignorar?

Si este es el caso, mi conjetura es que *Dios ya ha estado tratando de cuidarlo a usted durante mucho tiempo* y está tratando de ayudarle a usted a evitar que algo obstruya su camino. ¿Va a estar atento y seguir Su ejemplo, permitiendo que SU SABIDURÍA sea una *curación preventiva* para usted?

¿Ha estado recibiendo codazos sobre cualquier cosa que usted elige ignorar?

¡Yo estaba descubriendo que cuando nos acercamos a Dios para la curación, Él trata de curarnos aún más profundamente de lo que hemos jamás esperado o anticipado! Él va tras la *raíz* del problema si se lo permitimos. Él quiere que sepamos la verdad para que así podamos ser puestos en libertad. *Él es íntimamente detallado en cuanto a Su amor por nosotros*, y como cada uno de nosotros es único, descubriremos que tan personal Él puede ser al hablar con nosotros sobre la verdad, para que pueda cumplir Su Palabra para nosotros y realmente liberarnos y curarnos.

¡Él es un buen Papá! Tal vez algunos de ustedes no tuvieron ese tipo de padre terrenal en su familia mientras crecían, por lo tanto es un reto para ustedes entender que Dios los ame tan completamente. Sí, El lo amaría, y lo ama a usted. ¡Él le ama a USTED queridamente; usted le importa a Él!

Tal vez hay asuntos cruciales sin resultados que están en la raíz del problema. Si nos permitimos iniciar un hábito relacionado a las drogas (ya sea drogas, medicamentos, nicotina, o alcohol), es importante no usar las etiquetas que la sociedad les da, y llamarlos enfermedades. Hacer eso nos da permiso de jugar, psicológicamente, la tarjeta de "indefenso".

Dios nos ayudará, porque Él no trata con excusas; ¡Trata con la verdad, el poder, la provisión y los resultados!

El peligro de etiquetar ciertas cosas como

"enfermedades" es que puede diluir el modo en que Dios quisiera que nosotros lo veamos. Él es poderoso, quiere que *nosotros* seamos poderosos también, no llenos de excusas.

Si nos permitimos estos malos hábitos, podemos recuperar el poder al ser honestos con nosotros mismos y poner la responsabilidad donde corresponde – con nosotros. Para ser puestos en libertad y recibir la curación, tenemos que *poseer* el problema, sea lo que sea. ¡Para mí, era la adicción diaria de envenenarme a mi misma con cantidades absurdas de chocolate y azúcar!

El enfrentarnos a la verdad de que *nosotros* empezamos a hacer algo un día que nos ha llevado a donde estamos ahora, eso es el primer paso a la libertad. ¡Dios nos ayudará, porque **Él no trata con excusas; Él trata con la verdad**, el poder, la provisión y los resultados!

Dios no sólo quiere liberarnos de cualquier hábito que tengamos, también quiere tratar y curar la debilidad desde la raíz. Eso *nos* compromete a estar dispuestos (y tener el coraje) a tener un corazón honesto delante de Él – **la ayuda y la fuerza están allí para pedir**.

En nuestros corazones, la mayor parte de nuestro pecado y debilidad es la rebelión y la falta de respeto para lo que sabemos es correcto o mejor, y una actitud de no-me-importa,-quiero-hacerlo-como-quiero- ahora- mismo. ¡Algunos de nosotros ni siquiera sabemos respetarnos *a nosotros mismos*!

Tal vez tenemos una propensión a ser particularmente débil en un área determinada, tal vez incluso una debilidad de ADN, pero Dios no quiere dejarnos débil, y no quiere dejarnos enfermos. Entonces, vamos a pedirle la ayuda y no hacer excusas. También, Él es Señor sobre ADN. No tenemos que hacer el papel de indefenso y vivir con la excusa de "Bueno, he heredado esto de mi madre o mi padre." La Escritura dice que hemos heredado *TODAS* las cosas *nuevas* <u>si</u> hemos recibido a Cristo personalmente como Señor de nuestra vida.

En 2 Corintios 5:17 (NLT) dice, "...aquellos que se convierten Cristianos, son nuevas criaturas; las cosas viejas pasaron. ¡He aquí, todas son hechas nuevas!"

El Señor está haciéndonos saber que Él tiene el poder de hacer todo nuevo acerca de nosotros – aún más de lo que nos damos cuenta. Por eso tenemos que perseguir la transformación de nuestra mente para pensar cómo Él quiere que nosotros pensemos, para que estemos continuamente listos a heredar todo lo que Él tiene para nosotros. ¡Él tiene muchas más maneras de CURARNOS que las obvias en las que tendemos a enfocarnos!

Aún Alcohólicos Anónimos enseña a las personas que hay que poseer su problema, y buscar un Poder Superior para obtener fuerza para convertirse en un triunfador, en vez de seguir siendo una víctima. Eso también, es parte del proceso curativo. La Biblia nos recuerda, página tras página que Dios nos ama y Él es misericordioso, así que es un verdadero refuerzo de la confianza de saber que ¡PODEMOS LLEGAR A ÉL EN BUSCA DE AYUDA Y CURACIÓN SOBRE *CUALQUIER* COSA!

¡Él tiene muchas más maneras de CURARNOS que las obvias en que tendemos a enfocarnos!

<u>Referencias de Las Escrituras – Capítulo 12</u>

Juan 8:31, 32   Si permanecéis en Mi Palabra...

Juan 14:26   Espíritu Santo nos enseñará todas cosas...

Rom. 12:1   dedicamos nuestros cuerpos...

Salmos 139   somos maravillososamente hechos...

Proverbios 23:1-3   alimento engañoso ...

Salmos 107:20   Él envió Su Palabra y nos curó...

2 Corintios 5:17   criatura hecha nueva en Cristo...

*   *   *

CAPÍTULO 13

Él Oirá Sus Oraciones

(Oraciones para la Curación y la Salvación)

"Porque Tú, Señor, eres bueno y perdonador
y grande en misericordia para con todos los que te
invocan."
Salmo 86:5 (NIV)

Orar Para Su Curación

¡Tenemos que aprender cómo orar para la curación!
Esto no es un juego, una moda, o una fórmula. Ven a
Dios con la fe de un niño, confiando en *Su* "grandeza" y
Su bondad. Estudie y crea en Sus promesas sobre
curación. Estudie a Jesús en los evangelios y Su
misericordia curativa. *Estudie las Escrituras curativas*
del convenio de Dios hasta que SEPA que ellas son para
usted.

La Biblia enseña que la fe va a venir. ¿Cómo?
Escuchando la Palabra de Dios. Esté dispuesto a
arrepentirse del pecado. El arrepentirse no solo significa
confesar pecado en un confesional de la iglesia, si no
admitir su culpabilidad. Éste es el primer paso, pero es
más que eso. "¡Arrepiéntete!" fue el primer mensaje de

Jesús, y significa alejarse del pecado y la desobediencia con la determinación de ir en una nueva dirección, la dirección de *Dios*. Es mucho más que una resolución de Año Nuevo para 'ser mejor'. *No se puede lograr, estando alejados de Él.*

Si usted no ha recibido a Cristo en su corazón ni cedido su vida a Él, hágalo ante todo. ¿Qué podría ser mejor que el tener al Curador instalado en su propio corazón? Usted puede comenzar con las promesas compartidas en este libro. Después puede continuar buscando en las Escrituras y encontrar otras promesas por las cuales confía usted en Dios, llevarlas a Él, y orar Su Palabra. Por ejemplo:

"Padre Celestial, veo en Tu Palabra que eres misericordioso y estás dispuesto a curar. Tu Palabra me permite saber que puedo venir a Tu trono de gracia con audacia y confianza, para encontrar ayuda en momentos de necesidad. Vengo a Ti en el Nombre de Tu Hijo Jesucristo, quien me dice que puedo pedirte cualquier cosa en Su Nombre. (Rellene el espacio en blanco declarando su necesidad a Dios) _____ me esta pasando en mi cuerpo, y necesito Tu toque curativo. ¡Tu Palabra me dice que fui sanado por las llagas de Jesús y lo hablaste como un hecho establecido 700 años antes de que Jesús naciera en cuerpo para recibir aquella paliza por mí! Con base en Tu Palabra, Señor, vengo a Ti, no dudando nada, pidiéndote que manifiestes en mi cuerpo la curación que ya has proveído para mí por la paliza que Jesús tomó por mí.

"Gracias por Tu misericordia, gracias por Tu amor, y gracias por satisfacer mi necesidad con Tu poder y promesa. Gracias, Jesús, por Tu gran sacrificio para sellar y cumplir el pacto de curación que Dios ha establecido para mí con Sus promesas. Sigo alimentándome de Tu Palabra y usándola como medicina, confiando que Tu Palabra me curará. Gracias por perfeccionar estas cosas que me importan. Te amo, Señor, en el Nombre de Jesús, Amen."

Esta oración está basada en las Escrituras siguientes, para que usted sepa que está orando la Palabra de Dios, y por lo tanto puede estar confiado en que usted está orando *Su voluntad:*

Hebreos 4:14-16, Isaías 53:5, Santiago 1:5-7, Isaías 53:3, 6,7, y 11, y también Salmo 138 (el Salmo entero), Proverbios 4:20-22.

Una vez que usted ha orado, si tiene *sentimientos* alentadores o desalentadores, o que se sienta que Él no le va a curar, o que Su Palabra no es poderosa, usted recuerde *Su* carácter, *Su* estabilidad, *Su* amor perfecto, y lo que Él hizo por mí y mi riñón, y lo que Él hizo por esa chica a que le di ese osito de peluche. Recuerde, sea tenaz como la mujer cananea (Mateo 15:22-28) que he mencionado antes. ¡Jesús enseñó a la gente a seguir pidiendo, ella lo hizo, y mira lo que pasó con ella!

Mi esperanza y oración al escribir este libro y compartir estos relatos es para asistirlo a usted a estar anclado firmemente en las Escrituras y la bondad de Dios acerca de la curación. Espero que cualquier duda que exista se derrita mientras se revela la verdad y esté usted libre de incredulidad.

Mi oración es que usted se anime y se fortalezca para

poder decir, *"En cuanto a mí, voy a elegir la Palabra de Dios cada vez"* que se trate de curación (¡o cualquier otra cosa!). Confío en que esto también va a crear un efecto de onda maravillosa en todas las otras áreas de su vida.

Recibir a Jesús Personalmente En Su Propia Vida

Si usted cree que Jesús es el Hijo de Dios, pero antes no tenía esta perspectiva sobre Él y la Palabra de Dios, háblele a Él sobre estas cosas ahora. ¡Dígale qué asombroso es el descubrir que Él es tan bueno! Dígale que quiere conocerlo en todas las maneras maravillosas que *Él* quiere que usted lo conozca.

¡Dígale que usted no quiere estar limitado a sus propias perspectivas, pero que quiere estar lleno del entendimiento de cómo *Él* piensa y lo que son *Sus* perspectivas!

PÍDALE un creciente apetito y amor por Su Palabra, las Escrituras, para que usted pueda caminar y vivir diariamente en Romanos 12:2 a través de la dirección de Su Espíritu Santo. Jesús nos dijo en los evangelios que "…pidamos, y sigamos pidiendo."

PÍDALE al Espíritu Santo: Él es el Espíritu de Dios, lleno de espíritu y luz, poder y gracia. Pídale que lo rodee de Su amor, que lo ayude a seguir estudiando la Palabra de Dios, y que le dé entendimiento como lo hace, lo que le permitirá conocerle mejor y más íntimamente.

Cuando yo tenía diecinueve años creía en Dios, sabía los detalles de la historia de "La Navidad" y "La Pascua", pero saber los detalles de algo y conocer *personalmente* al Señor Jesús es bastante diferente.

Durante mi segundo año de universidad, unos amigos me invitaron a un concierto de música Cristiana, de tipo 'rock'. Cuando la música paró, un chico de pelo largo con una bola gigante de chicle en la boca se puso de pie en una caja de naranjas (no es broma) en el piso del gimnasio de la escuela Wilson High School en Long Beach, California. El hablaba sobre conocer a Jesús de manera íntima. ¡Dijo que si yo le pedía a Jesús, Él me llegaría y viviría en mi corazón para siempre! También me dijo que Cristo me limpiaría y renovaría, y me enseñaría a caminar con Él, lado a lado, todos los días. Yo nunca había oído nada como eso en mi vida hasta ese momento, aunque había asistido fielmente a la iglesia por muchos años, cantaba en el coro, etc. Respondí saltando de mi asiento para ir a recibir oraciones lo más rápido posible. Me puse de rodillas para rezar. No oí mucho de lo que ese chico dijo después de eso, pero abrí la boca y empecé a rezar algo así:

"Jesús, siempre he creído en Ti, al menos un poquito, pero nunca supe que vendrías a vivir dentro de mi corazón y limpiarías mis pecados completamente, haciéndome nueva y limpia. Nunca supe que *vendrías a vivir dentro de mí y me enseñarías a reconocer Tu Voz, amar Tu Palabra, y tener una relación personal y estupenda.* ¡Qué bueno! *¡Yo quiero eso! ¡HAZLO!*

"Quiero conocerte, no sólo como Salvador, pero quiero que seas el Señor, a cargo, el Capitán de mi vida. YO CREO que Tú eres Hijo de Dios, y que moriste en la cruz por mí personalmente, para que yo pueda pertenecer a

Dios y no ser condenada por mis pecados. Creo que resucitaste entre los muertos. ¡Ven a mi corazón y se mi dueño, hazme Tuya - y quiero que Tú seas mío! ¡Sé que necesito ser limpiada de pecados, sé que necesito el poder del Espíritu Santo para vivir por Ti como este chico!"

El Señor me ha mantenido fielmente en Su mano amorosa desde que oré aquella oración. *Hubo momentos en los cuales yo fui menos fiel a Él, pero Él siempre se ha mantenido constante en Si Mismo, fiel a Su Palabra, y fiel a mí.* Él *siempre* está dispuesto a atraerme hacia Su corazón cuando me acerco a Él en oración.

¡A medida que envejezco, aprendo que lo más inteligente es "quedarse" cerca de Su lado! Me quedo cerca de Él manteniéndome en Su Palabra, para que yo pueda oír Su Espíritu susurrando en mi corazón que me ama, me protege, me guía, me instruye, me corrige, y me anima o avisa.

Hay días en que tengo ganas de hacer esto; francamente, sin embargo, hay un montón de días en que no me da la gana, pero lo hago de todos modos. ¡Es una disciplina, lo mismo que hacer ejercicio o comer sanamente, pero los dividendos van más allá de este planeta!

¡Si usted es alguien que nunca ha orado y pedido a Jesucristo que sea su Salvador y Señor, por favor hágalo ahora! Si usted quiere saber que será salvado, y conocer a Jesús personalmente por usted mismo, sólo tiene que abrir la boca y pedirle a Él como lo hice yo.

Sea honesto con Dios, sea usted mismo, y esté seguro de que usted está dispuesto a arrepentirse (alejarse del pecado) y que de verdad *desea* una vida nueva con Él como su Señor (y hacer que Él sea Capitan de su barco y dele a Él su vida).

Puede usar las mismas palabras que usé (están en cursivas) si son similares a lo que quiere decir en su propio corazón, o puede usar sus propias palabras. No hay ningún "texto correcto o incorrecto"– eso no es el asunto; es lo que está en su corazón lo que importa...

"Señor Dios, por favor limpiame de mis pecados completamente con Tu santidad, y por favor ven a mi y vive dentro de mi corazón, limpiándome y renovándome. Por favor perdona todos mis pecados. Vive *en el centro de mi corazón y enséñame a reconocer Tu Voz, amar Tu Palabra, y tener una relación personal contigo. ¡Yo QUIERO eso! ¡HAZLO!*

"Jesús, te recibo como mi Salvador. Me entrego a Tí, como el Señor, el Capitán de mi vida. Creo que TÚ eres Hijo de Dios, y que moriste en la cruz por mí personalmente, para que yo pudiera pertenecer a Dios y no fuera condenada por mis pecados. ¡Creo que resucitaste entre los muertos, conquistando la muerte y el pecado para siempre! ¡Asume el control de mi vida, hazme Tuya- y quiero que TÚ seas mío! Confío en que TÚ me renovarás y limpiarás del pecado. Le pido el poder al Espíritu Santo de vivir para Tí. Lléname con Tu Espíritu, Señor. Ruego en Tu Nombre,

Jesús, y Te doy las gracias por responder a mi oración."

Dios está mirando a su corazón – le ve a usted, Él sabe su nombre, y le valora. Él le ama - *quiere su corazón y su lealtad.*

¡La salvación y la oportunidad de pertenecer a Jesucristo y conocerlo están tan cerca a usted en este momento como su propio aliento! Dios incluso explica el momento en que usted está ahora mismo, y Él lo hace muy claro para nosotros en Romanos 10: 8-11, que dice, "Más, ¿qué dice? 'Cerca de ti está la palabra, en tu boca y en tu corazón' (esta es la palabra de fe que predicamos): que si confesares con tu boca que Jesús es el Señor y creyeres en tu corazón que Dios lo levantó de los muertos, serás salvo. Porque con el corazón se cree para justicia, y con la boca se confiesa para salvación. Pues la Escritura dice, 'Todo aquel que en Él creyere no será avergonzado.'"

Romanos 9:33 también dice, "...él que creyere en Él no será avergonzado." (NIV)

Usted ha estado aprendiendo sobre la Palabra de Dios y recibiéndola en su corazón. El Espíritu Santo de Dios la hace ser "entendida" como un momento de "ajá" y quiere que usted se decida a responder a Su amor por usted ahora mismo. Puede reconocer que usted es, de hecho, un pecador sin esperanza de ser perfecto o justo *en su cuenta* y que lo necesita a El. (Muy en el fondo todos nosotros sabemos eso sobre nosotros mismos). Jesús aguantó la presión de ser perfecto por usted, y Dios le atribuye Su justicia *a usted* como un regalo maravilloso de AMOR.

¡Esto se pone en marcha con su boca y corazón al estar de acuerdo con lo que Él está diciéndole en Su Palabra!

- Él quiere que usted reconozca que Él es mas grandioso y sabio que usted;

  - ¡Sería una locura no ceder a Su bondad y amor!

- Él entrará en su corazón cuando usted Lo *invite*. ¡Qué asombroso que nuestro Creador respete el libre albedrío que *ÉL* nos dio, tanto que Él espera que lo usemos para invitarle antes de que Él entre! Él no interrumpe en nuestra vida, ni nos da órdenes, ni tampoco toma nuestra voluntad. *Él nos deja aprender a elegir, guardar, ceder y alinearla a Su sabiduría y amor.*

- Traemos el regalo del libre albedrío, que Él nos dio, y lo ponemos a Sus pies como una insignia de honor entre Él y nosotros.

- Se convierte en una alianza de amor. Respondemos con la misma voluntad que Él nos dio; libremente traemos nuestros corazones y vida *en respuesta* al gran amor que *Él* ofrece.

- De aquí en adelante, cuando oramos, Él mira nuestros corazones y ve la cara de Su Propio Hijo, mirándolo a Él. ¡Es notable! Es debido al sacrificio de Jesús en la cruz que somos hechos totalmente aceptables para el Padre. ¡La Biblia aún dice que Jesús nos presenta a Dios **sin mancha**! ¡Jesús se llama, en realidad, nuestro Abogado y Sumo Sacerdote ante de Dios! (Por favor leer Hebreos 4:14-16).

El Creador estira Su propia mano marcada por el clavo a cada uno de nosotros, diciendo, "¡Sé Mío!" ¿Cómo podríamos resistir a Uno que nos ama tan completamente? ¡Es la historia de amor más grande de todos los tiempos!

Él garantiza que esto es real y firme porque, afortunadamente, es una transacción que *no* se basa en la imprevisibilidad de cómo nos sentimos, sino que se basa en *Su* carácter inalterable y en Su Palabra.

Cuando usted ora y hace esto, Él le sella Su propio corazón. A partir de este punto en adelante, cuando Él Padre Celestial lo mira a usted cuando ora, Él lo ve a usted envuelto EN Jesús. Cristo Mismo ha tomado residencia dentro de su corazón *porque se lo pidió*. ¡Sólo Dios podría pensar en algo tan inteligente!

¡Gracias a Dios que la salvación se basa en *Él*, más que en nosotros! No tenemos que soportar el peso de ser lo suficientemente bueno para ser salvos, porque Él es suficientemente bueno *para* nosotros.

<u>Si ha orado en este momento y ha hecho esto, me gustaría darle un ejemplo de que tan seguro usted ha pasado a ser</u>. Haga esto conmigo: Si usted tiene un anillo, quíteselo de su dedo y sosténgalo en su mano. *El anillo le representa a usted.* Ahora, tome el anillo y póngalo en su mano más fuerte, y cierre su mano alrededor del anillo en un puño apretado. ¿Ha hecho esto? Ese puño apretado bien envuelto alrededor del anillo representa a Cristo Jesús envuelto a su alrededor. Luego, tome su mano libre y ciérrela alrededor de la mano que *ya* está sosteniendo el anillo, haciendo un puño nuevo alrededor del primer puño. ¡El segundo puño representa al Padre Celestial! ¿Se puede soltar o perder ese anillo? ¡No, no lo pienso! Esta asegurado *por lo que lo sostiene*, y usted está asegurado por Quien le sostiene en Su amado puño. No tiene que temer nunca; usted esta seguro en Él.

¡Bienvenido a la familia de Dios! Usted tiene una promesa maravillosa (una de las miles que ha heredado por Cristo) de Él en Juan 1:12, "Más a todos los que le recibieron, a los que creen en Su Nombre, les dió potestad (poder, privilegio, y derecho) de ser hechos hijos de Dios..." (AMP). Eso habla de usted y lo que ocurriría si usted orara la oración para recibir a Cristo.

Dios no va a cambiar Su mente sobre usted. ¡Él pagó con la vida de Su propio Hijo para buscarle y perseguirle con Su amor!

Obtenga una Biblia (la Biblia de las Américas, o la Nueva Versión Internacional son buenas para los principiantes) que se traduce en el lenguaje de hoy en día, y léala diariamente. Algunas iglesias proporcionan una Biblia como regalo. Empiece en el evangelio de Juan en el Nuevo Testamento, lea un capítulo (o más) al día, y léala *en voz alta* y con cuidado, porque dice en la Escritura que la fe viene al oír la Palabra de Dios. ¡Descubra todo lo que usted ha heredado!

Cuando usted tenga preguntas, pídale a Dios que le ayude a entender. Ponga una pequeña fecha en el margen de su Biblia donde tenía la pregunta. Él conseguirá las repuestas a su comprensión.

Lea el Nuevo Testamento totalmente unas veces. Unos libros maravillosos para leer en el Antiguo Testamento son los Salmos, los Proverbios, Deuteronomio, e Isaías; ¡estos son algunos de mis favoritos! Los Proverbios están llenos de sabiduría de refranes cortos que son muy prácticos para la vida cotidiana.

Mientras más lea la Palabra de Dios más se desarrollará su capacidad de detectar Su dirección dentro de usted. Jesús dijo, "Mis ovejas conocen mi voz, y la voz de un extranjero no seguirán." Esto es el comienzo de la relación más asombrosa de su vida. Nútrala. *¡Hágala su prioridad máxima!*

Encuentre una buena iglesia donde la noticia entera del amor de Dios y Su Palabra se enseñen para que pueda crecer en la fe (¡no en la duda!).

Si a usted le gustaría escribirme y decirme que ha orado para recibir a Jesús o ha recibido la curación, yo estaré encantada de saber de usted y de orar por usted.

<u>Referencias de las Escrituras– Capítulo 13</u>

Hebreos 4:14-16 Jesús es nuestro Abogado

Isaías 53:5 ...somos sanados por Su llaga...

Santiago 1:5-7 ...venir a Dios en fe, no duda..

Isaías 53:3, 6, 7, y 11 Profecías del Mesías

Salmo 138...un Salmo asombroso que revela Dios

Proverbios 4:20-22 Su Palabra es sanación

Mateo 15:22-28   la fe de la mujer cananea animada...

Romanos 12:2.....sea transformado.......

Romanos 10:8-11 Como obtener la salvación...

Romanos 9:33 confiar en Cristo, nunca ponerse en...

Hebreos 4:14-16 Jesús es nuestro Abogado....

*   *   *

Pensamientos Finales de La Palabra

"Señor, si quieres, puedes limpiarme..."
"Quiero," Él dijo.
Mateo 8:2, 3 (NIV)

"Para nosotros, sin embargo, sólo hay un Dios, El Padre, del cual proceden todas las cosas [y por Quien tenemos la vida], y un Señor, Jesuscristo, por medio del cual son todas las cosas y nosotros por medio de él [existimos]."
1 Corintios 8:6 (AMP)

"Y a Aquel que es poderoso para hacer todas las cosas Mucho más abundantemente de lo que pedimos o lo que entendemos, según el poder que actúa en nosotros, ¡a Él sea la gloria...por todas las generaciones, por los siglos de los siglos! Amén."
Efesios 3:20-21 (NIV)

Pensamientos Finales para la
Sabiduría y Ánimos

Hay un viejo refrán que dice: "La fe ora, y el amor le da la medicina". La historia de fe de Jackie refleja su propia búsqueda de asistencia médica en forma responsable, el diagnóstico, y seguimiento a una cirugía necesaria, mientras que buscaba activamente el poder revelado de Dios en Su Palabra, esperando completamente que Él sea su curador.

Si alguien cree que está enfermo y necesita un doctor, ninguna parte de esta historia de ninguna manera sugiere que una persona no deba tomar la decisión inteligente y responsable para acudir a su médico o buscar la atención médica a nombre de sí mismo, sus hijos, u otros miembros familiares.

La intención de este libro es claro en su introducción. Fue escrito para alentar la fe y la esperanza en los que la leen, en cualquier situación en que se encuentren a dotar a las personas a comprender mejor que Dios es muy accesible y ¡las ama más de lo que cuenta! Él sigue siendo real y poderoso de maneras muy prácticas. Él es Todopoderoso, y está dispuesto a reunirse donde están, con brazos abiertos. Jesucristo está disponible para todas las personas, de todas las naciones y orígenes, y no rechazará a nadie que venga a Él con el deseo de conocerlo personalmente. Él es Salvador, Él es Amigo, y sí, Él *todavía sana hoy en día*. En los evangelios, un hombre con lepra se acercó a Él diciendo, "Señor, si estás dispuesto, puedes curarme y limpiarme." La respuesta de Jesús al hombre que se acercó por ayuda se queda hoy en día en cada uno de nosotros: "YO ESTOY DISPUESTO".

Hay un poder tremendo en las Escrituras. Jackie espera sinceramente agitar el deseo en los demás para que sigan a Dios y su Palabra. Él es el Señor que Cura.

BIOGRAFIA

Jacquelin Priestley tiene una pasión para alentar a la gente a confiar en Dios para la curación, y para compartir con ellos acerca del poder que vive dentro de las Escrituras mismas. Estos están vivos, con la inspiración de Dios, y llenos de Su Vida y Luz. (II Timoteo 3:16 and Juan 1:4)

Ella dio su vida a Cristo durante su primer año en la universidad, mientras perseguía un grado en habla y comunicación. En 1993 se sintió llevada a regresar a estudiar para obtener un grado en Estudios Bíblicos. Ella ha servido al Señor por más que 20 años en la iglesia de Cottonwood en Cypress, California, en el ministerio de la música, los ministerios de convalecencia, y en un grupo de misiones en Rumania.

Jackie sintió el poder sanador de Dios en su propio cuerpo por primera vez después de contar a otros acerca de Jesús como Sanador por unos años. La Palabra de Dios prosperó en ella mientras daba la Palabra a otros. Ella ha tenido muchas oportunidades de orar por gente y ver la fidelidad de Dios para honrar a Su Nombre y Su Palabra y traer la curación.

Su mensaje es entusiástico y firme – Jesús es Señor, Él es la Palabra Viva de Dios; Su Palabra está viva y poderosa, y ¡Dios es todavía el Señor Dios Nuestro que nos cura!

Si usted quisiera comprar más libros, por favor de contactarnos a   JP@HisWordHealedMe.com Descuentos se dan a grupos y a órdenes al mayoreo. AUDIO http://www.cdbaby.com/cd/jacquelinpriestley

Referencias de las Escrituras

Capítulo 1

Salmo 56:3 ...al miedo, en Ti confío
Salmo 30:1-4 Lloré a Ti, Tú me has sanado
Isaías 53:1 ¿Quién va creer el informe del Señor?
Isaías 59:19 Espíritu levantó un estandarte...
II Timoteo 3:15,16 Toda Escritura es inspiraba por Dios
Hebreos 13:5 nunca Dios nos deja ni nos abandona
Éxodos 15:26 Dios es el Señor que me sana
Salmo 30:3 ...Tú me has guardas viva...
Isaías 26:3 ...paz perfecta...fíjate en Dios...
III Juan 2 ... que goza de salud como tú alma prospera
Proverbios 4: 20-22...Su Palabra es salud y sanación

Capítulo 2

Santiago 5:14 ...ungiéndole con aceite
Santiago 5:16 ...confesáos vuestras faltas
Santiago 5:15 ...los pecados serán perdonados
Isaías 53:5 ...curado por Su llaga
Éxodo 15:26b ...Él es el Señor Dios quien nos cura
Mateo 12:36, 37...juzgados por nuestras palabras malas
I Juan 1:9 Dios es fiel en perdonarnos y limpiarnos
I Juan 1:8 ...no niega ser un pecador
Isaías 26:3 ...paz completa...fijado en Dios...
Isaías 9:6 ...un Niño ha nacido...Dios Fuerte...
Mateo 1:23...y llamarás Su nombre Jesús...
Mateo 12:34...del corazón habla la boca...
Santiago 1:6, 7 ...no dudando nada...que no recibirá
Josué 1:6-9 no permita que Su Palabra salga de la boca
Deut. 6:1-9 recordando que Su Palabra hace buen éxito
Isaías 53:5 ...curado por Su llaga....
Salmos 107:20 ...envió Su Palabra y los curó...

Hebreos 4:12   La Palabra de Dios es viva y poderosa...
AMP
Hebreos 13:8   Jesús: el mismo ayer, hoy, siempre...
Isaías 53:1-5...Lo que Dios cumplió por el Mesías
Nehemía 8:10... la alegría del Señor es vuestra fortaleza
Salmos 16:11   ...En Su Presencia es la alegría completa
Isaías 55: 9-13   ...así será Mi palabra...será prosperada
Romanos 10:17...La Fe viene por oír...La Palabra

Capítulo 3

Santiago 5:16   sentida oración de un hombre justo vale
Proverbios 4:23   guardar mi corazón con toda diligencia
II Corint 10:4, 5... todo pensamiento a la obediencia
Isaías 54:17   Ninguna arma forjada contra mí...
Proverbios 26:2   Una maldición sin causa no se baje...
Proverbios 4:20-22   Palabra de Dios es Curación...
Isaías 40:8   Palabra de Dios pertenece para siempre...
Marcos 13:31   las Palabras Jesús no pasarán...
Salmos 103:1-5...no olvides Sus beneficios...
Juan 1:1   ...el Verbo estaba con Dios....y era Dios
Juan 1:14...Verbo hizo carne y habitó entre nosotros...
II Timoteo 1:7 no dado el miedo...pero una buena mente
Hebreos 13:5   Nunca te dejaré ni te abandonaré...
Isaías 43:2   tiempos arduos o terribles Dios te ayudará
Isaías 26:3   paz perfecta si mantiene mente en el Señor
Filipe 2:9-11   Nombre sobre todo nombre...
Marcos 11:23   diga a la montaña, no dudas en corazón
Mateo 7:24-26 oiga y HAZ Sus enseñas...
Santiago 1:22-25   HAZ la palabra, no sólo oírla

Capítulo 4

Isaías 53:3-5   curado por sus azotes...
I Corintios 1:30   Cristo hecho sabiduría para nos...

Capítulo 5

Isaías 54:17   No arma forjada contra ti...
Mateo 4:1-11   Jesús usa Escritura para resistir al diablo
Isaías 53:5   Curado por Sus azotes...
Hebreos 4:12   La Palabra es viva y poderosa...
Isaías 55:11...Su Palabra no volverá a Él vacía...
Salmos 30:2-3   Grité a Ti y TÚ me has curado...
Isaías 53:1   Quién ha creído nuestro informe ...
Proverbios 6:22   La Palabra de Dios hablará contigo...
Juan 1:1, 4, y 14   En el Principio era la Palabra...
Juan 1:   En Él es la Luz...Él es la Luz de los hombres

Capítulo 6

Isaías 53:5   por Su flagelación hemos sido curados...
Isaías 52:14   Su aspecto fue desfigurado...
Salmo 107:20   Él envió Su Palabra y los curó...

Capítulo 7

Ninguna escritura en este capítulo.

Capítulo 8

Ninguna escritura en este capítulo.

Capítulo 9

Mateo 13:58 la incredulidad impidió a Jesús...
Santiago 1: 6, 7   ten la fe, no vaciles o no vas a recibir
Ósea 4:6   Falta de entendimiento destruye *al pueblo*
Isaías 55:11   Su Palabra produce donde se la envió....

Capítulo 10

Isaías 54:17   Ninguna arma forjada contra mí prosperará
Isaías 54:14, 15...el terror estará lejos de mí...
Isaías 55:11   Su Palabra produce resultados asombrosos

Capítulo 11

Isaías 55: 8-11   ...subir a Sus maneras...
Ezequiel 37   ...asombroso poder de Dios ....
Ezequiel 37:4   Dios dice "habla mis palabras"...
Juan 1:1   ...con Dios, y la Palabra era Dios......
Rev. 19:13   ...Su Nombre es la Palabra de Dios...
II Crónicas 16:9   Dios busca...a ser fuerte por...
Proverbios 3:5-8   ...depende en y confía en Dios...
Proverbios 4:20-22 ... Su Palabra...nos cura...
Efesios 5:1   ...ser imitadores de Dios...
Romanos 12:2   ser transformado refresca tu mente...
II Corintios 10:5   captura pensamientos, obedece...
Hebreos 11:3   ...mundos formados por Su...
Génesis 1:26   somos formados en Su imagen
Óseas 4:6   gente destruída por falta de entendimiento
Mateo 14:35, 36   borde tocado...eran curados
Hechos 19:11,12   Dios hizo milagros inusuales
Hechos 5:14-16   ...¡Dios unge una sombra!
Isaías 55:11   Él produce con Su Palabra

Capítulo 12

Juan 8:31, 32   Si permanecéis en Mi Palabra...
Juan 14:26   Espíritu Santo nos enseñará todas las cosas
Rom. 12:1   dedicamos nuestros cuerpos...
Salmos 139   somos formidables y maravillosos hechos

Proverbios 23:1-3   alimento engañoso ...
Salmos 107:20   Él envió Su Palabra y nos curó...
2 Corintios 5:17   criatura hecha nueva en Cristo...

Capítulo 13

Hebreos 4:14-16 ... Jesús es nuestro Abogado
Isaías 53:5 ...somos sanados por Su llaga...
Santiago 1:5-7 ...venir a Dios en fe, no duda...
Isaías 53:3, 6, 7, y 11 ... Profecías del Mesías
Salmo 138 ...un Salmo asombroso que revela Dios
Proverbios 4:20-22 ... Su Palabra es curación
Mateo 15:22-28   la fe de la mujer cananea animada...
Romanos 12:2 ... sea transformado...
Romanos 10:8-11 ... Como obtener la salvación...
Romanos 9:33   confiar en Cristo, nunca ponerse en...
Hebreos 4:14-16 ... Jesús es nuestro Abogado....

*   *   *

Información Para Ordenar

Su Palabra Me Curó puede ser ordenado directamente
de la página web:

www.HisWordHealedMe.com

Charlas y Compromisos de Enseñanza

¡Sería maravilloso escuchar de usted si el libro lo ha
impactado, si usted ha recibido sanidad, o si ha recibido
a Jesús como su Salvador personal! Usted puede
escribirme a:

Su Palabra Me Curó
P.O. Box 6393
Garden Grove, CA 92845

**Para programar a que Jacquelin venga a compartir
su historia, enseñar y dar ministerio, por favor envíe
su correo electrónico a:**

JP@HisWordHealedMe.com

También disponible en formato de audio en inglés que usted
puede descargar de:
http://www.cdbaby.com/cd/jacquelinpriestley

*¡Que las bendiciones que descansan en este libro sean
manifestadas en su vida cuando lo lea!*

Jacquelin Priestley